领导力是设计出来的

林 川 ◎ 著

中国商业出版社

图书在版编目（CIP）数据

领导力是设计出来的 / 林川著. -- 北京：中国商业出版社，2024.7. -- ISBN 978-7-5208-2938-0

Ⅰ．C933

中国国家版本馆 CIP 数据核字第 20243SZ125 号

责任编辑：郑　静
策划编辑：刘万庆

中国商业出版社出版发行
（www.zgsycb.com　100053　北京广安门内报国寺 1 号）
总编室：010-63180647　　编辑室：010-83118925
发行部：010-83120835/8286
新华书店经销
香河县宏润印刷有限公司印刷
*
710 毫米 ×1000 毫米　16 开　15 印张　160 千字
2024 年 7 月第 1 版　2024 年 7 月第 1 次印刷
定价：68.00 元
****
（如有印装质量问题可更换）

序

　　有人说，领导力是一种魅力、一种人格、一种信用；也有人说，领导力就是影响力；也有人说，领导力就是设定有价值的目标和实现这个目标的能力；还有人说，领导力就是培养人才的能力……

　　在我看来，领导力来自多重修炼。首先，领导者是信念和精神的传播者，因此作为领导者，应该先了解自己，通过不断的反思、来增强自己的悟性，让自己成为正能量的积蓄者和传播者。其次，领导者要努力提高自身层次，通过不断的训练来精进自己，以让自己更好地融入外在环境，更好地领导和影响他人，让自己获得成长的同时，也带动他人成长。

　　独立思考能力是领导力的基础，随着客观环境中对领导力需求的上升，相应的独立思考能力也必须提升，思维深度必须增强。独立思考能力提升，促进领导力提升，是指在学习与顿悟的基础上，领导者可以做出更具前瞻性的价值观念与行为的判断。领导者的成功，不仅仅是商业的成功，更是一种基于人格魅力的领导力的成功。

　　总之，在当今世界，领导力的重要性日益凸显。无论是在企业、政府、还是社会组织中，领导者领导力的强弱都是决定组织成功与否的关键。然而，领导力并不仅仅是指引和管理团队的能力，更是一种独特的品质和精神，一种激励和鼓舞人心的力量，以及核心影响力。

领导者之所以能在运筹帷幄之中决胜于千里之外，是因为其领导力设计得好。好的领导力本身就是一套完整的管理设计系统。管理学上有个概念，20人以下的企业，人治是没有问题的，有一个好的领导、一套精简的规章制度，在执行力、活力、效率上都能达到很高的程度。超过20人的企业则需要在制度设计上进行约束。对于企业而言，人才并不都是资本，只有那些被激励起来，且能够和企业朝着共同的方向努力的人才才是企业的资本。所以，员工能否成为企业可用的人才，关键在于企业领导者的领导力如何。领导者的能力强，人员就能够最大限度被激励起来，成为企业的资本，反之则相反。此外，企业领导者领导力的强弱，还与企业是传统企业还是新兴企业有关系。

首先，传统企业的领导者关注上层事物，新兴企业领导者关注事物的底层。其次，传统企业的领导者依靠流程和目标管理创新的结果，而新兴企业领导者则充分信任当下组织中的每一个人，让创新自然发生。再次，传统企业的领导者关注眼前单一的利益关系，新兴企业领导者则更注重生态系统的建设，意在维持长期平衡的生态关系。最后，与传统企业领导者相对较慢的反应速度不同，新兴企业领导者会统观全局，对反馈极其敏感，果断快速地做出调整。另外，企业规模不同，企业领导者的能力也会表现得不一样，主要体现在：角色的定位、管理重点、决策速度和资源管理情况等的不同，因此在领导力的设计和构建方面就有偏差和侧重。

在企业中，关于领导力的挑战主要来自两个方面：第一，缺乏能力建立良好的业绩评估系统；第二，难以主动建立、推广员工的"主人翁意识"。针对这些痛点，企业必须要制定清晰且令人振奋的目标，通过推行企业文化来塑造企业员工共同的价值观凝聚人心，提升企业领导力。

本书的特点在于理论与实践的结合。在本书中，不仅有丰富的理论框架和模型，还通过讲述案例及对案例进行深入研究来生动地展示领导力的应用和实践。通过阅读本书，读者将能够全面了解领导力的内涵和外延，并掌握提升自身领导力的实用技巧和方法。

希望本书能够对读者产生深远的影响，帮助大家在自己的职业生涯中不断提升领导力，实现个人和组织的共同成长。在这个充满挑战和机遇的时代，让我们一起探索领导力的奥秘，共同创造更加美好的未来。

目 录

第一部分 大企业领导与小企业领导的不同

第1章 大规模领导者与小规模领导者的比较 / 2
角色定位不同 / 2
管理重点的差异 / 4
资源分配方面的区别 / 7
决策速度的不同 / 9
组织文化和团队建设不同 / 11
沟通方式不同 / 14

第2章 传统领导者与设计领导者的不同 / 19
关注上层事物 vs 关注事物底层 / 19
依靠流程管理创新结果 vs 组织中每个人创新 / 22
关注眼前单一利益关系 vs 注重生态系统的建设 / 25
对反馈响应速度慢 vs 对反馈敏感并快速调整 / 29

第3章 领导力成长阶梯：不同层次修炼 / 32
专家型，解决关键问题 / 32
实干家，实现所需要的成果 / 34
促变者，努力实现突破 / 36
共创者，实现共同愿景和使命 / 37

协同者，完成更多目标和可能性 / 40

职位优势，领导力最低层级 / 43

被人认同，领导力的第二层级 / 46

业绩，领导力的第三层级 / 49

育人，领导力的第四层级 / 53

传承，领导力的第五层级 / 56

第二部分　小规模企业领导力设计要素

第 4 章　组织人员素质设计 / 60

对员工职业技能的培养 / 60

培养人人都能成为管理者 / 62

建立团队协作能力 / 66

培养员工解决问题的能力 / 69

关注员工个人的成长 / 71

建立和推广员工"主人翁意识" / 75

放下"员工没有主动性"的抱怨 / 78

用感情促行动，不是用道理 / 80

打造学习型组织 / 82

构建高效的沟通氛围 / 84

成为有情绪耐力的领导者 / 87

第 5 章　组织外部竞争条件设计 / 90

竞争对手分析，鼓励创新思维 / 90

市场分析与定位，强化目标导向 / 93

产品与服务创新 / 95

供应链管理，实现组织目标 / 97

注重品牌差异化营销与推广 / 99

创新营销思维，吸引和留住客户 / 101

与其他组织建立合作联盟 / 103

第 6 章　组织内部合作因素设计 / 105

重视领导者个人人格影响力 / 105

建立公平的绩效评估体系 / 108

打造横向球队型团队，而非纵向金字塔 / 110

领导要具备指道、扛事、买单的能力 / 113

设定明确的目标与奖励机制 / 115

提供多元化的职业发展路径 / 118

第三部分　大规模企业领导力设计核心

第 7 章　人性分析设计路径 / 122

领导力、权力和控制的关系转变 / 122

用理念而不是权谋管人 / 124

能下人，能忍人，能克己 / 126

重视放权和允许员工试错 / 129

了解新生代员工的行为动机 / 131

理解不支持你的下属 / 133

领导要允许下属直言不讳 / 135

第 8 章　文化习惯沉淀设计 / 138

明确企业愿景和价值观 / 138

培养组织创新和学习文化 / 141

推广企业品牌形象 / 144

人才赋能和弹性制度的柔性管理 / 146

让员工在复盘中学习和成长 / 149

强调客户至上，提供极致服务 / 151

第 9 章　企业竞争力规划设计 / 154

设定明确愿景和战略 / 154

时刻保留充足现金流 / 156

管理供应链风险 / 158

产品质量是强大的竞争力 / 161

坚持树立良好品牌形象 / 163

提升企业的创新能力 / 165

优化流程提升运营效率 / 170

第四部分　领导力设计的落地与执行

第 10 章　领导力落地：具体执行模式 / 174

授权激发全员领导力 / 174

领导权威来自信任和专业 / 177

领导的成功在于帮助下属成功 / 179

激发员工的干劲 / 181

公开表扬，私下规过 / 184

管理的核心是目标管理 / 188

第 11 章　领导力重构：一切执行的基础 / 190

让员工使用"我计划……"执行任务 / 190

T 型领导者，垂直扎根横向管理 / 193

员工感受到爱，行动才积极 / 196

绩效使能：以人为本的绩效管理 / 199

目标执行的 Smart 原则 / 202

以卓越为目标，引领员工迈向更高境界 / 204

第 12 章　领导力自我管理：磨炼能力，带出高效团队 / 207

成为领导者而不是管理者 / 207

不断审视自己的领导风格和方式 / 209

有"人情味"更有号召力 / 212

领导力来自持续的学习力 / 215

领导者要有效管理自己的时间 / 217

具有"反脆弱"的意识和能力 / 221

后　记 / 224

参考资料 / 226

第一部分
大企业领导与小企业领导的不同

第1章　大规模领导者与小规模领导者的比较

角色定位不同

说起领导，就会有大领导和小领导之分，组织中不同层次的领导者有不同的领导方式，试想，一个部门主管和一位 CEO 的领导力挑战差距。再比如，一个上市企业的领导和一个小作坊或个体经营的领导又怎能同日而语？所以，大规模领导者与小规模领导首先来自角色定位的不同。

在组织中，领导力的表现形式和影响力随着职位层级的变化而有所不同。大领导与小领导虽然都是组织中的管理者，但由于其角色定位和职责范围不同，他们在领导力方面的表现也有所差异。

大领导通常负责制定战略和方向。

他们需要有宏观的视野和长远的眼光，需要考虑整个组织的利益和发展，需要与外部的合作伙伴和利益相关者沟通和协调。小领导则主要负责执行和管理。他们一般注重微观的细节和短期的目标，需要考虑自己团队的任务和效率，需要与内部的员工和同事沟通，并提供指导。

大领导通常是企业的高层管理者，掌握着企业的决策权和资源分配权；而小领导则是中层管理者或一线主管，直接进行管理工作。也就是说，大企业领导负责战略决策，小企业领导参与具体业务执行。

大领导的角色定位通常是决策者、战略制定者和宏观调控者。他们需要从宏观的角度出发，关注组织的整体发展和长期利益，并制定组织的战略规划和方针政策。大领导需要具备远见卓识和战略思维能力，能够敏锐地洞察市场变化和行业趋势，为组织指明发展方向。同时，他们还需要具备卓越的决策能力和宏观调控能力，能够根据实际情况调整战略方向，确保组织的稳定发展。

相比之下，小领导的角色定位更侧重于执行和日常管理。他们需要将大领导的战略规划分解为具体的任务和目标，并带领团队实现这些目标。小领导需要具备高效的管理技巧和团队协作能力，要能够激发团队成员的潜力，协调各方资源，并推动团队目标的实现。同时，他们还需要关注细节和流程，确保工作的顺利进行。

了解大领导和小领导的角色定位差异，对于提升组织的领导力和实现组织目标具有重要意义。大领导需要关注宏观层面，制定明确的战略规划，为组织发展指明方向。小领导需要注重执行和日常管理，确保团队目标的实现。只有大领导和小领导各自发挥其优势，相互配合，才能推动组织的协同和持续发展。

在实际职场中，很多人认为"领导＝管理"，似乎管理者就是领导者，领导过程就是管理过程，然而实际上这两者之间的差别很大。小的领导往往属于管理事务的角色，而大的领导则是领导人心。

由于大领导和小领导的角色定位不同，因此各自面临的挑战和压力也不同。大规模企业的领导要处理更多的变化和风险，需要做出更多的决策和抉择，需要承担更多的责任和后果。而小企业的领导会遇到更多紧迫性和困难性的事情，要应对更多的任务和要求，解决更多的问题和冲突。大规模的领导需要有更强的判断力和决策力，需要有更高的自信心和魅力，同时需要具备强大的沟通和组织协调能力。他们表现出的格局会更加开放和包容，能够尊重不同的文化和价值观，会鼓励创新和变革。而小规模的领导则需要更多的执行力和管理能力。他们需要有更强的计划力和组织力，更高的自律性和耐心。在工作中会显得更加严格和苛刻，他们要坚持自己的标准和要求，强调规则和纪律，督促工作执行情况。

从他们角色定位的不同来理解，就能够知道大规模和小规模领导具有不同表现，你可以从这些角度来反思，作为一个领导或员工，如何与他们更加和谐地相处与合作。

管理重点的差异

管理，它有两个字，一个是"管"、一个是"理"，两个字代表的层次不一样。比较起来，会管的人经验不够，方法不足；会理的人比较老到，比较有内涵。既会管又会理才是真正的管理，才可以称得上是领导者。不同规模的管理者对于管理的重点也有差异。大企业领导定长期目标，小企业领导注重短期目标。

大规模企业领导与小规模企业领导的管理具有一定的差异。例如，某大型跨国公司的CEO，管理着数万名员工。他更倾向于制定长期战略、进行大规模投资，以及与全球各地的合作伙伴建立关系。他的团队由数百名高级经理组成，负责各自领域的业务运营。由于企业规模庞大，他需要依靠数据和财务报告来了解企业的运营状况，并制定相应的策略。

某初创公司的CEO，管理着仅有数十名员工的小团队。他更注重快速迭代、灵活应对市场变化，以及与客户的直接互动。他的团队成员通常具备多种技能，能够承担多个角色。由于企业规模较小，他更多地依赖于人际关系和直接沟通，以了解团队成员的需求和问题。

在上述两个案例中，大规模企业领导的管理风格更侧重于长期规划、组织结构和财务控制，而小规模企业领导的管理风格更注重快速响应、创新和人际关系。这种差异主要是由企业的规模、资源和市场定位等因素决定的。在大规模企业中，领导需要关注整个组织的运营和战略方向，确保企业在长期内取得成功。而在小规模企业中，领导通常需要更加灵活地应对市场变化，与客户保持紧密联系，并激发团队的创新精神。

所以，大规模企业中的领导和小规模企业中的领导存在以下常见的管理差异：

在战略发展上，大企业领导往往需要关注企业的长远发展和整体战略，强调创新、规范和标准化，注重企业文化的传承和组织结构的优化。

他们需要制定明确的目标和愿景，并确保企业资源的合理配置。相比之下，小企业领导更注重灵活性和快速响应，强调机会发掘和资源整合，并且更关注短期业绩和快速成长。

对于组织架构与人才管理，大企业领导往往强调正规军式的组织架构和专业化的人才梯队建设，注重规范化的流程和制度，以确保企业的稳定发展。他们需要构建完善的人才培养和激励机制，以满足企业长期发展的需求。而小企业领导更注重人才的实用性和性价比，强调小而精的组织架构和快速响应能力。他们往往需要扮演多面手，并直接参与具体的业务和项目。

大企业领导在面对市场竞争时，更注重分析市场趋势和竞争对手动态，强调品牌建设和市场份额的扩大。他们需要构建强大的企业品牌和生态系统，以增强企业的竞争优势，并防范市场风险。而小企业领导则更注重快速适应市场变化和灵活应对竞争压力，强调通过创新和差异化来获取市场份额。他们需要更加注重成本控制和风险防范，以确保企业的生存和发展。

大企业领导的战略思维往往更加注重长远规划和资源整合，而小企业的领导则更加注重短期效益和快速反应。这种战略思维的差异在管理方面就会有很大的不同。

资源分配方面的区别

中小企业作为经济的重要组成部分，一直在为经济增长和就业创造做出贡献。在这一情况下，中小企业面临的挑战和压力也与日俱增。尤其中小企业不像大企业拥有丰富的财务资源和人力资源，在这种情况下，领导力的作用就变得更加重要。

大企业领导和中小企业领导在资源利用和限制方面确实存在显著差异。大企业领导拥有更多的资源，具体包括财务资本、人力资本、技术资本和社会资本等，他们可以投入大量资源进行创新和研发，并有能力承受更大的风险。此外，大企业领导通常有更多的决策权和话语权，能够更快地响应市场变化和客户需求。

相反，小企业领导往往面临资源限制。他们通常资金有限，人力、技术和资本资源也相对匮乏。这些限制可能会影响他们的决策和创新能力，以及企业的发展速度和市场竞争力。此外，小企业领导在寻求外部资源与合作时，往往面临着更多挑战和限制。

在资源不同的情况下，领导者的角色和策略也会有所不同。无论是大规模企业领导还是小规模企业领导，面对不同的资源，可以从以下几个方面发挥领导和管理的作用。

1. 了解资源状况

首先，领导者需要了解企业所拥有的资源状况，包括财务、人力、技术、物资等。明确资源的优势和限制，以便更好地制定和调整战略。

2. 制定适应资源的战略

根据资源的优势和限制，领导者需要制定适应性的战略。如果资源丰富，领导者可以采取扩张和创新策略；如果资源有限，则需集中资源，优化配置，提高效率。

3. 建立高效团队

领导者需要建立高效协作的团队，根据资源状况合理分配任务，发挥每个人的优势。通过培训和激励，提高团队成员的技能和积极性。

4. 优化资源配置

领导者需要时刻关注资源的利用情况，及时调整资源配置，确保资源的高效利用。优化内部流程，减少浪费，实现资源最大化。

5. 创新思维方式

面对不同的资源状况，领导者需要具备创新思维，寻找新的机会和解决方案。鼓励团队成员提出创意和建议，共同应对挑战。

6. 建立外部关系

领导者需要积极建立和维护外部关系，如与供应商、客户、合作伙伴等建立良好的合作关系。通过共享资源和信息，降低成本，提高竞争力。

7. 灵活应对变化

领导者需要保持敏锐的市场洞察力，灵活调整战略和资源配置以适应不断变化的市场需求。及时调整策略，抓住机遇，应对挑战。

8. 传递信心和愿景

无论资源状况如何，领导者需要保持积极乐观的态度，并向团队传递信心和愿景。通过激发团队士气，共同实现目标。

总之，领导者需要根据不同资源状况灵活调整领导策略，以最大化地利用现有资源并推动企业的发展。通过了解资源状况、制定适应性战略、建立高效团队、优化资源配置、创新思维方式、建立外部关系、灵活应对变化以及传递信心和愿景等措施，领导者可以在不同资源条件下发挥领导力，实现企业的目标。

然而，值得注意的是，大企业领导和小企业领导在资源利用和限制方面存在的差异并不是绝对的。有时候，大企业领导也可能因为复杂的组织结构和官僚作风而难以有效利用资源；而小企业领导则可能因为灵活的决策机制和对市场变化的快速响应而实现资源的最大化利用。

因此，无论在大企业还是小企业，领导者的关键任务是合理利用和调配有限的资源，以实现企业的战略目标和愿景。这需要领导者具备战略眼光、创新思维和卓越的领导能力，以及构建强大的人际网络和社会资本等重要技能。

决策速度的不同

企业离不开决策，一个好的战略决策，会更容易带领企业走向成功。无论是业务的战略、对高管的人事任命、企业财务、人才的去留等相关事宜，都需要核心领导层进行决策。有句话说，大企业决策看组织能力，小企业决策看老板。这就说明，大企业领导和小企业领导的决策速度是不一样的。

大规模企业领导和小规模企业领导的决策速度因多种因素而异，以下是一些可能的区别。

首先是资源和能力方面的不同。大规模企业通常拥有更多的资源，包括人力、技术、财务和信息等方面。这些资源使大规模企业的领导更容易获取所需的支持和信息，从而更快地做出决策。此外，大规模企业的领导通常拥有更强大的分析能力和专业知识，能够更准确地评估信息和做出决策。

其次组织结构与企业文化的不同，大规模企业通常具有更加规范的组织结构和决策流程，这有助于标准化操作和提高决策效率。此外，大规模企业可能拥有更为正式的企业文化，并强调遵守规章制度和流程，这有助于避免不必要的延误和冲突。

再次是规模与市场影响力的不同，大规模企业通常在市场上具有更大的影响力，因此需要更快地适应市场变化和客户需求。这使得大规模企业领导更加注重快速决策和灵活性，以便更好地满足市场需求和竞争压力。

另外，在决策复杂度与风险方面也有所不同，小规模企业通常面临更加复杂和不确定的决策环境，因为它们通常缺乏大规模企业的资源和能力来应对这些挑战。此外，小规模企业领导可能更加注重规避风险和保持灵活性，因此可能会更加谨慎和缓慢地做出决策。

不同企业领导的决策风格和经验也会影响决策速度。一些领导可能更倾向于快速决策和采取行动，而另一些领导则可能会更加注重深思熟虑和充分评估风险。此外，经验丰富的领导一般能够更快地识别问题和机会，并做出更准确的决策。

在企业还处于早期发展阶段的时候，可能是老板一个人做决策，这个时候由于人员不多，事务较少，老板一个人拍板，决策效率会很高。当企业进入快速发展的时候，决策会变得越来越重要，一般会从老板一个人决策变成几个人共同决策。等到企业壮大时，在决策方面就不再是领导一个人来决策了，需要多人（一般最好是3~5人）形成决策委员会，从不同的维度进行深度的"PK"和论证，最后做出一个最佳决策。

无论是大企业领导还是小企业领导，企业"赢不赢"，要看决策速度"行不行"。卓越的领导并不一定是每时每刻做出的决策都是出色的，只是他们在做决策时更果断、更杰出，做决策的时间更早，速度更快，更有信念。

当然，大规模企业领导和小规模企业领导的决策速度可能会因资源、能力、组织结构、文化、规模、市场影响力、决策复杂度、风险、领导风格和经验等多种因素而有所不同。在实际情况下，需要根据具体情况综合考虑这些因素，以评估不同类型企业领导的决策速度。

组织文化和团队建设不同

一个企业无论大小都离不开企业文化，在一些大企业中，其核心就是企业文化。一个企业的文化是企业最核心、最底层的文化理念，往往明确写在企业文化手册上，且要全体成员都致力坚守的。一个企业文化落地的起步阶段，一般会推行企业文化，这样更有利于在企业文化的基础上建立文化基调，使组织成员形成较强的归属感和凝聚力。良好的企业文化是企业生存、发展之本，也是企业生产经营的基石，因此，团队素质高低是企业文化建设的重要因素之一。

大企业与小企业在组织文化和团队建设方面存在一些不同之处，主要原因在于它们的规模、资源和战略目标等方面存在差异。

首先，大企业的组织文化通常更加明确和规范化。由于大企业拥有更多的员工和资源，它们需要建立更加规范和标准化的流程和制度，以确保组织的稳定和高效运转。大企业的组织文化通常与企业的战略目标和发展方向密切相关，通常强调团队合作、创新和客户至上等价值观，以增强员工的归属感和忠诚度。小企业则通常更加注重灵活性和创新性。由于小企业资源和人员相对较少，它们需要更加注重员工的创造性和自主性，以应对市场的变化和挑战。小企业的组织文化通常更加注重实效和业绩，强调员工的个人能力和工作成果，而不是流程和制度。

在团队建设方面，大企业通常更加注重多元化和包容性。它们会投入更多的资源来吸引和留住拥有各种背景和技能的员工，以增强组织的多样性和创新性。大企业通常有更加完善的培训和发展计划，来帮助员工提升技能和能力，促进职业发展。小企业则通常更加注重员工的实际能力和业绩表现。由于资源有限，小企业需要更加注重员工的生产力和效率，以确保企业的生存和发展。因此，小企业通常会选择招聘具有特定技能和能力的员工,并激励他们发挥最大的潜力。

一句话来概括大企业与小企业的差异就是:大企业领导重视文化和团队,小企业领导注重员工能力和业绩。

在大企业中,文化和团队建设通常被视为实现长期成功和可持续发展的关键因素。大企业通常有更多的资源,包括人力、财力和物力,可以投入到文化和团队建设上。它们注重创造一种积极、健康和高效的工作环境,以吸引和留住顶尖人才。大企业通常有专门的团队负责文化和团队建设,制订各种政策和计划,如员工培训、福利计划、内部沟通等,以增强员工的归属感和忠诚度。

相比之下,小企业通常更加注重员工能力和业绩。由于小企业的资源有限,它们必须更加注重员工的生产力和效率,以确保企业的生存和发展。小企业通常没有专门的团队负责文化和团队建设,而是依靠领导者的个人魅力和管理能力来激励员工。

在企业文化和团队建设方面,如何根据企业规模的不同来进行呢?

(1)明确企业的规模,是小企业、中型企业还是大型企业?此外,需要明确企业的战略目标和愿景,这是构建企业文化和团队的基础。

(2)通过调查和沟通了解员工的需求和期望,可以更好地制订适合员工的企业文化和团队建设计划。对于小企业,强调员工的自主性和灵活性;对于大企业,强调规范化和多元化。

(3)对于小企业,强调创新、快速响应和灵活性;对于中型企业,要注重平衡稳定和创新;对于大型企业,需强调规范、流程和核心价值观。小企业可以通过频繁的沟通和团队会议来促进团队合作;中型企业可以实施跨部门项目团队；大型企业可以建立企业大学和培训体系，促进员工的技能提升和职业发展。大型企业可以利用其规模优势来建立强大的品牌形象和客户关系；中型企业可以寻找适合自己的细分市场；小企业可以更加灵活地适应市场变化。

无论企业规模大小，领导力都是关键。要注重培养各级领导的管理能力和领导力，以确保他们能够有效地引领团队和文化。企业文化和团队建设是一个持续的过程，需要不断地反思、调整和完善。通过持续改进，可以保持企业的竞争力和员工的忠诚度。

总之，根据企业的规模进行企业文化和团队建设需要综合考虑多个因素。要明确企业规模和目标、了解员工需求和期望、制定适合规模的企业文化、采用适合规模的团队建设策略、利用企业规模优势、培养领导力，并持续改进。通过这些措施，可以帮助企业建立强大的企业文化和团队，实现可持续发展。

沟通方式不同

现代企业都非常注重沟通，不仅重视外部与客户的沟通，还重视与内部员工的沟通，作为领导者，会沟通往往能使团队成员产生更多的凝聚力。大规模企业的领导和小规模企业的领导在沟通方式上也有一些不同，这些不同与他们的职责、经验和组织层级有关。

首先，大企业领导通常更注重战略规划和长远发展，他们的决策通常会对整个组织或更大的生态系统产生影响。因此在沟通时往往更注重宏观的视角，强调整体利益和目标，以及如何将组织带向更高的层次。他们可能会使用更抽象、更复杂的语言和概念来阐述战略愿景和目标，并强调长期回报。

相比之下，小规模企业领导通常更关注日常运营和执行力，他们的职责更具体，需要处理日常的决策和问题。因此，在沟通时更注重细节和实用性，可能会更具体地说明任务、工作要求和期望的结果，以便团队理解和执行。小企业领导也更加注重与团队成员建立良好的关系，以促进团队合作和工作满意度。

用一句话来形容，大企业领导为层级传达，小企业领导则直接交流。

在大企业中，由于层级结构较为复杂，领导通常采用层级传达的方式进行沟通。这意味着信息需通过各个层级进行传递，从高层领导到中层管理人员，再到基层员工。这种方式可以确保信息的一致性和准确性，但也可能会导致信息传递的延迟和过滤。为了弥补这一缺陷，大企业领导通常会采用各种沟通工具和技巧，如会议、电子邮件、内部社交媒体等，以促进信息的顺畅流动。

相比之下，小企业的层级结构相对简单，领导通常更倾向于直接交流。小企业领导通常都是与员工进行一对一的交流，来讨论企业的事务和目标。这种方式可以更好地了解员工的想法和需求，促进信息的即时反馈和决策的快速制定。在小企业中，领导通常更加注重与员工的互动和沟通，以建立紧密的工作关系和团队文化。

当然，这并不是说大企业领导不注重与员工的直接交流，或者小企业领导不注重层级传达。在实际情况中，沟通方式的选择取决于具体的情况和需求。因此，了解和认识到这些差异可以帮助领导更好地适应组织的需求和文化，促进信息的顺畅流动和决策的高效制定。

在我们国川集团，大到管理小到招聘，都会采用不同的交流方式，以期达到更好的效果。比如，我们采用开放式的人力资源委员会进行出题来对应聘人员进行面试。面试题通常用 PDF 文件发给应聘者，一般这不是一个完整的文档，而是会有 1/3 的留白需要应聘者根据自己的思维模式进行重新创作或提出自己观点，以此来进行第一轮的筛选，挑选到适合团队发展的有缘人。无论应聘者选择顺读还是跳读，当他们认可我们的招聘方式并产生了积极的回应，说明已经和我们建立了连接。因为我们不仅仅是要招聘"一双手"，而是希望通过答题的方式，找到真正合适的"人"。国川集团素来有独到的用人之道，招聘流程也别具一格，我们强调的是沟通，不在乎结果，我们不以招聘成功与否，或者是入伙成为股东成功与否，或者哪怕是任何形式的合作成功与否为目的，我们就是要求沟通。所以在我们很多历来文件的存档中，有很多沟通是很感人的。

举个例子，一个俄罗斯留学生 2015 年给我发邮件说："您好，林总，不知道您还记不记得我，不管怎么样我在三年前参加过贵公司的邮件面试，公司的工作人员给我通了三通电话，前后我们通过大概一周的邮件。我十分感动，这是我有生以来让我最温馨的面试过程，而且让我觉得贵公司真的是以人为本，通过交谈，发现贵公司的定位实在是太厉害了。"这个人当初是跟我们的人力资源两个人谈的，她认为中俄今后会面临比较好的合作机遇，而且中俄两国的民间合作是具备前景的，包括一些民生产业。从这件事来看，我们没有跟这个人产生任何利益的往来，并且在没有彼此见面，任何一个总裁级的人都不知道她，任何一个股东都不知道她的情况下，只是人力资源部门知道她。她对中天印符的理解超过了很多人，她说这个印符不仅是企业 LOGO，今后会不会贴遍全世界，她说如果是真的话，她今后愿意在她的领域去传播。她就是因为这个企业面试人用这样的方法，这样尊重人，这样交心沟通，而且跟她能够产生独立化的对话，她认为一个企业能在一个陌生人身上花时间和精力，在应聘者的印象中就会觉得我们是靠谱的，国川用独特的沟通方式，让还没有加入的人产生了认可和信任。

此面试题是我在 2009 年打造的综合多方面内容，可全面层层递进筛选的测试。涉及了行为心理学、情报学、分析学、原创数学、文字构成学、玄学等多学科的综合测评，从全方位多角度对人力资源进行了解。

我们在收到应聘者投递的简历以后，会通过 EMAIL 给应聘者发送面试题，以此方式进行前期的沟通。此面试题并不只是针对于通过网络投递简历的应聘者，也包括其他渠道的应聘人员，以及公司合伙人、业务伙伴等。我们将此面试题发给"有缘人"，是我们发送的一个善意的举动，是我们主动伸出的手，如果对方感受到了我们的善意，给我们回复了邮件，答了题，等于是他回握了我们的手，我们的缘分就此展开。也许在当下开花结果，也许在未来的某一天开花结果，我们善待的是每一份"缘"，我们珍惜的是每一个"有缘人"。

当我们收到相关人员给我们发回来答案的时候，不论他答的内容是什么，都会先给他回复一个说明邮件，告知我们安排这个面试题的目的和用意，以示对回复人员的尊重。之所以在收到回复以后再发，而不是与面试题一起发，就如上文所说，只有当两只手握在了一起，缘分才会到来。我们希望对方明白，我们不是随意安排了这样的一个行为，而是有全盘的计划和考量，同时也希望对方知道，对待人力资源我们是重视的。

我一再反复强调，在国川，人力资源委员会所起的最大的作用不是招聘，而是沟通。因为委员会的成立，对于任何一个愿意沟通的人，我们都会用独特的沟通方式，跟他们产生真诚的互动。一旦通过邮件面试题所录取的人，80%是我们的朋友，我们最初已经建立了信任与真诚，并且所支付的薪酬也会比同行业高，因为经过我们精挑细选的人，无论他来做员工还是合伙人，我们都会推心置腹，坦诚相待。

通过这份面试题，加深了双方的认知，节省了时间，提高了效率，并且针对性明显，沟通畅通。

无论大规模企业领导还是小规模企业的领导，通过沟通能够解决很多问题，不仅能够让员工更好地去理解领导人的指导意图，还能够让领导人更好地了解员工，从而有效地解决许多问题。领导者必须明确事件的目的和意义，并向部下指明。要明确究竟为什么要兴办这项事业，它的目的和意义在哪里。只有这样，才能建立起真正意义上的相互信赖关系，才能把工作做得更加出色。

第2章 传统领导者与设计领导者的不同

关注上层事物vs关注事物底层

在企业中，既有上层事物又有底层事物，若领导能兼顾二者，则能使企业平稳又平衡地发展。

上层事物通常指的是宏观的、战略性的、目标导向的事物。这包括企业的愿景、使命、战略规划、目标设定、组织结构、决策制定等。这些事物通常关系到企业的长远发展和整体效益，是领导者和高层管理团队关注的重点。上层事物的目的是确保企业朝着正确的方向前进，实现长期成功。

底层事物则是指具体的、操作性的、执行层面的事物。这包括企业的日常运营、流程管理、客户服务、产品质量、团队协作等。这些事物直接关系着企业的日常运作和绩效，是员工关注和执行的重点。底层事物的目的是确保企业日常运作的高效和顺畅，并为客户提供优质的产品和服务。

这两种事物在企业中都非常重要，上层事物为底层事物提供指导和方向，底层事物则是实现上层事物的基础。一个成功的企业需要有一个平衡的关注点，既要有长期的战略规划，也要有高效的日常运营。因此，领导者需要灵活地在上层和底层事物之间进行平衡，以实现企业的整体目标，并取得成功。

在领导方式上，存在着传统领导者与设计领导者这两种不同的类型，它们关注的焦点有所不同。

传统领导者更倾向于关注上层事物，强调规则、流程和结构。他们通常注重效率和产出，强调达成目标，并且会制订明确的计划和战略来指导团队。传统领导者通常会采取一种自上而下的管理方式，注重权威和决策的集中化。

拥有权威和决策的层级太多，就会出现"官僚主义"现象，官僚主义并不是官场独有，而是大型组织发展到一定阶段必然会出现的现象。这个像癌症一样的企业病，堪称大企业的杀手。身居高位的CEO脱离一线员工太久，离市场太远，处在高管们营造的和谐奋进的氛围中，在原有的工作惯性里无法自拔。如果企业运转良好还看不出太大问题，而一旦外部环境的复杂性和不确定性增加，官僚结构的弱点就凸显出来了。

设计领导者则更关注底层事物，强调创新、问题和解决方案。他们注重观察和感知团队中的问题和机会，并鼓励员工积极参与和提出建议。设计领导者通常会采取一种自下而上的管理方式，注重团队合作和民主决策。

这种关注底层事物的管理方式能激励全体员工为了企业的发展而齐

心协力地参与经营，并在工作中感受人生的意义和成功的喜悦，实现"全员参与的经营"。

如果全体员工能够积极参与经营，在各自的岗位上主动发挥自己的作用，履行自己的职责，那么他们就不仅仅是单纯的劳动者，而将成为并肩奋斗的伙伴，并会具有作为经营者的意识。如此一来，每当履行了自己在工作中的职责之后，就会感受到工作的喜悦，获得成就感。那么，他们就不单单是雇员，而是独立经营者和并肩奋斗的伙伴，具有作为经营者的意识来有效控制企业成本，达到利润最大化。

这两种领导方式各有优点和适用情境。传统领导者能够确保团队稳定、高效地达成目标，而设计领导者则能够激发团队的创新精神，应对复杂多变的环境。一个优秀的领导者应该能够根据实际情况灵活运用这两种方式，结合传统与设计思维，更好地引导团队取得成功。

领导关注上层事物与关注底层事物，各有优缺点，具体分析如下。

关注上层事物，是指领导者更加关注宏观的策略、目标、愿景和战略规划等方面。这种方式有利于把握整体方向，确保团队与企业的目标保持一致，更好地分配资源和人力，以实现更高的效率和产出。然而，过分关注上层可能导致领导者忽视底层的具体问题和员工的实际需求，缺乏对细节的掌握。

关注事物底层，是指领导者更注重具体的操作、执行、流程和细节等方面。这种方式有利于更好地理解实际操作中的问题，及时调整策略，优化流程，提高工作效率。然而，过度关注底层可能导致领导者缺乏对整体战略的把握，过分纠结于细节，忽视长远的规划和目标。

一个优秀的领导者应该根据实际情况灵活调整自己的关注点，既要关注上层事物，确保团队的战略方向与企业的目标一致，也要关注底层事物，了解执行中的问题和员工的反馈。这样不仅能更好地调配资源，实现整体目标，也能提升员工的工作满意度和忠诚度。

依靠流程管理创新结果vs组织中每个人创新

企业发展离不开创新，传统企业依靠流程管理创新结果，而设计领导者则依靠组织中的每个人进行创新。

传统的领导管理下的经营模式，大部分是领导人非常忙碌，员工非常闲；老板要利润，员工只看薪水；传统的领导力是一种刚性、机械的管理，"以制度、流程为中心，以量化的考核为形式"，将人看作无差别的管理对象。这种管理学的发展，如今已经陷入了困境。而设计领导力的经营思维，则是以传统管理制度为基础，又融合了哲学智慧进行的。掌握比常人更优秀的"思维方式"，也就掌握了优秀的哲学、卓越的思想、高尚的人生观、正确的判断标准。可以说，设计领导力并不是把自己的主观意识强加给被管理者，而是按照事物自身的规则来管理，激发出员工的主动性和创新精神，关心人的心灵，尊重人的价值，重视人的成长。所以，二者存在很大的差别。

设计领导力更关注组织中每个个体的创新，让他们有主动权，有参与意识和自主创造的行为方式。这种模式，也代表一种去中心化。原来的企业有很多中心，所有的领导都是中心，每个员工都有他的上级，上级就是他的中心——甚至多中心，有很多的上级。

国川集团创业初期，我投入足够的精力亲自面试每一位员工，会分析每一位应聘者的能力。招聘权是唯一不能放权的事项，尤其在企业初创期。我设计了邮件面试题，对人才进行全方位的甄选，在我看来，企业去中心化就是要把每一个人当独立的资源去对待，所以在招聘上我会亲力亲为，重视每一个个体。面试的过程，也是知人识人的过程。我认为邮件面试只是小事，因为一个人如果对影响他自己今后一生的工作，连邮件互动都不写，那这个人他就是在找口饭吃，与行尸走肉无异。虽然说我们尊重人，但是我们明白，人与人之间差距太大了，我们必须认识人员之间的差距，必须要通过有效的邮件筛选作为方法之一，并且反复电话面试才能拟定面谈人选。一旦进入面谈，会有80%以上的录取率，而且我可以保证他一定是我们的朋友。我对于人员的要求标准是高的，因为每加入一个人都要提高集团的整体能力！

优秀的CEO都极度重视人才招聘，并愿意花足够的时间和精力持续寻找优秀的人才，且能把聚集的人才打造成非凡的团队。他们都有一个共同点，就是知道：成功的关键不在于"怎么做""做什么"，而在于"谁来做"。

在我看来，这也是一种流程上的创新。

依靠流程管理创新结果，是指通过建立清晰、有效的流程来推动和管理创新的过程。这种方式有助于确保创新的方向和目标与企业的战略目标一致，同时也有助于提高创新的效率和成功率。通过制定明确的流程和规范，可以减少无效的尝试和重复的工作，并降低创新的风险和成本。这种方式适用于对创新质量和可控性要求较高的企业或项目。

组织中每个人创新，是指激发组织内部每个员工的创新精神和创造力，鼓励他们提出新的想法和解决方案。这种方式有助于打破思维定式和常规，发现新的商业机会和创新点子。通过鼓励员工参与创新过程，可以提高员工的归属感和工作积极性，同时也有助于形成一种开放、包容的组织文化。这种方式适用于需要不断推陈出新的企业或行业，如科技、互联网等。

对于一个大型企业而言，只依靠个人创新而缺乏流程创新可能会导致以下问题：

缺乏一致性：没有统一的流程和规范，不同的员工或部门可能会采用各自的方法和标准，导致整个企业的创新活动缺乏一致性和协调性。

效率低下：缺乏流程管理可能会导致创新的效率低下。因为没有明确的流程和责任分工，企业可能会在重复工作、无效尝试和资源浪费上花费大量的时间和资源。

风险管理困难：没有流程管理，企业可能难以对创新活动进行有效的风险评估和管理。这可能导致企业面临较高的不确定性和风险，增加了失败的可能性。

难以复制成功经验：由于缺乏流程规范，一些成功的创新实践可能难以在其他部门或项目中复制。每个项目的成功都可能需要重新发明"轮子"，导致时间和资源的浪费。

文化冲突：过度依赖个人创新可能导致企业内部出现文化冲突。一些员工可能会认为他们的工作没有被正确地评估或赏识，从而导致士气低落。

我一直强调团队的重要性，所以领导者最重要的事永远是找人，永远是培养人，只有你让你的下属能够代替你，那么你才能真正升为领导者，这样才会形成一个学习的团队、传承的团队，这个团队才能长大，否则会陷入一个恶性循环，变得混乱不堪。

在实践中，企业可以根据自身的特点和需求选择适合的创新方式。有些企业可能更注重流程和规范，通过严谨的管理和创新机制来推动创新的进程；而另一些企业可能更注重员工的创造性和自主性，通过激发员工的创新潜力来实现企业的创新目标。无论哪种方式，关键是要建立起有利于创新的机制和文化，以推动企业的持续发展和进步。

关注眼前单一利益关系vs注重生态系统的建设

有句话说："不谋万世者，不足谋一时；不谋全局者，不足谋一域。"这充分说明了领导者需要有远见，要带领团队向长远发展。

传统领导者通常关注眼下的单一利益，注重短期目标，强调稳定和效率。他们倾向于采取一种自上而下的管理方式，注重权威和决策的集中化。这种关注单一利益的方式在某些情况下是有效的，例如，在需要快速实现目标或应对紧急情况时。然而，在当今复杂多变的环境中，只关注单一利益和短期目标可能会忽视长远的影响和生态系统建设。

领导者过于注重单一利益的案例有很多，以下是其中几个。

过度追求经济利益，有些领导者过于关注企业的经济利益，不顾员工福利、消费者权益和社会责任。这种短视的做法可能会导致企业形象受损、员工流失和消费者忠诚度下降。

忽视员工成长，只关注企业的经济利益，而忽视员工的成长和职业发展，会导致员工士气低落、工作积极性下降，甚至人才流失。这对企业的长期发展非常不利。

缺乏团队合作，过于关注个人利益而非团队利益，会导致团队内部的矛盾和冲突。这不仅会影响团队的工作效率，还可能对整个组织的稳定性和可持续发展造成负面影响。

缺乏创新精神，只关注单一利益，往往导致领导者缺乏创新精神，难以适应市场的变化和竞争的压力。这最终可能导致企业的竞争力下降，甚至被市场淘汰。

设计领导者则更注重构建一个健康的生态系统，以促进长期可持续发展。设计领导者关注生态系统建设，是指他们注重整体性、平衡和可持续性。他们认识到组织与外部环境之间的相互依赖关系，并努力创造一个有利于各方共同发展的生态系统。一个健康、平衡的生态系统不仅要关注眼下的单一利益，还要考虑长远的影响和可持续性。设计领导者致力于建立一个有利于创新、合作和长期发展的生态系统，以应对复杂多变的环境和挑战。通过关注生态系统建设，设计领导者能够更好地应对不确定性、复杂性和变化。他们能够更好地识别机会、解决问题和应对挑战,因为他们在更广泛的角度上考虑了组织与外部环境之间的关系。

例如,某大型制造企业,在过去的几十年中,一直专注于生产高效率、低成本的工业产品。随着环境问题的日益突出,该企业意识到其生产活动对环境造成了负面影响。为了应对这一挑战,该企业的高层领导者决定采取措施,关注生态建设,并推动整个组织的变革。

首先,领导者制定了可持续发展的战略目标,明确表示将致力于减少对环境的负面影响,并努力实现绿色生产。他们还设立了一个专门的可持续发展部门,负责监督和协调整个组织的绿色转型。

为了实现这一目标,领导者推动了一系列变革措施。他们投资可再生能源技术,逐步减少对化石燃料的依赖。同时,他们也改进了生产流程,采用更环保的材料和工艺,降低了能耗和排放。此外,该企业还加强了与供应商的合作,要求他们也采取可持续的生产方式,共同实现绿色供应链。

在组织内部,领导者鼓励员工参与可持续发展项目,并提供培训和支持,帮助他们掌握相关的技能和知识。他们还建立了跨部门的团队,共同应对可持续发展的挑战。通过这些措施,员工们的积极性和参与度得到了提高,也更加认同企业的可持续发展目标。

此外,领导者还与政府、行业协会和环保组织建立了合作关系,共同推动环保法规的制定和实施。他们也积极参与公益活动,提高公众对可持续发展的认识和关注度。通过这些努力,该制造企业成功地实现了向绿色生产的转型,不仅提高了自身的竞争力,也为整个生态系统带来了积极的影响。这表明关注生态建设对于企业的可持续发展至关重要，也是当今复杂多变的环境中领导者必备的素质。

我讲过，注重生态系统的建设，就是要关注个体与集体均衡发展的关系。本着求同存异的原则，本从对整个社会全面观察的角度，强调基于个人角度，我们充分尊重，基于集体意识，这个社会是一个整体，所以无论如何，任何行业都是系统工程，都是集体行为。只有在尊重个人单一利益的基础上，注重集体生态系统的建设发展，才是领导者更应追求的目标。

基于集体意识来讲，领导要观察自己平日的所作所为是不是过于从个人性格出发。尽管我一再强调我们认同个人性格，但是毕竟这个社会是一个整体，我们无论做什么都是一个整体。哪怕出去逛个超市，超市要没有配送体系，没有物流支持，超市也开不起来。所以无论如何，任何行业，小到洗澡，大到做全国性项目，都是系统工程，都是集体行为。明白了这一点，也就明白了为什么高瞻远瞩的领导往往注重生态系统的建设，而不是仅仅关注眼前的单一利益关系。

因此，设计领导者更符合当今复杂多变的环境需求，他们注重长期可持续发展和生态系统建设，能够更好地应对复杂多变的环境和挑战。

对反馈响应速度慢vs对反馈敏感并快速调整

优秀的领导者不仅懂得让组织成员进行反馈，而且还懂得接受反馈，并对反馈做出积极的响应，这样才能更有利于问题的解决。简单而言，反馈就是信息，在工作环境中，反馈通常是以关于一个人的任务表现的信息形式出现，这些信息被用来帮助企业做出改进。如果想要让反馈改变行动，有几个关键组成部分，分别是反馈的来源、反馈信息的内容、反馈的接收者、对反馈做出的响应。

传统领导者对反馈的响应速度可能会比较慢，因为他们的决策过程可能更加注重计划和稳定性，而不是快速适应变化。他们可能会倾向于在做出决策之前进行充分的研究和分析，以尽可能减少风险和不确定性。

然而，在当今快速变化的环境中，对反馈的敏感性和快速调整能力是非常重要的。设计领导者通常更加注重实验、迭代和快速学习，能够更快地响应反馈并做出调整。

设计领导者相信通过快速迭代和实验，他们可以更好地理解用户需求和市场变化，并快速做出相应的调整。他们鼓励团队成员及时提供反馈，并将这些反馈作为改进和优化的基础。

相比之下，传统领导者可能会更加注重计划的执行和稳定性，而不是快速适应变化。他们可能会更加注重长期战略和规划，而不是短期内的调整和变化。

然而，随着环境的变化和不确定性的增加，领导者需要具备对反馈敏感并快速调整的能力。他们需要能够快速识别机会和威胁，并采取相应的行动。设计领导者在这方面更具优势，因为他们更加注重实验、迭代和快速学习。

因此，设计领导者对反馈更加敏感并能够快速调整，这是他们在当今复杂多变的环境中取得成功的关键因素之一。

秦始皇实现六国统一，离不开他对于时势的把控和对反馈的快速调整。例如，嬴政在统一六国的过程中，遭遇到了楚国的顽强抵抗。楚国地广人多，军力强大，是秦国统一大业的最后一道障碍。在决定攻打楚国之前，嬴政面临着一个重要的抉择：选择哪位将领来指挥这场关键的战役。

当时，王翦和李信都是秦国著名的将领，各有千秋。嬴政询问二人关于攻打楚国所需的兵力。李信年轻有为，自信满满地表示只需要20万大军即可。而王翦则深思熟虑后，认为非60万大军不可。嬴政觉得王翦过于谨慎，且兵力需求过大，于是决定派李信和蒙恬率20万大军攻楚。

然而，战争的结果却出乎嬴政的意料。李信和蒙恬虽然勇猛，但楚军实力强大，20万秦军很快陷入苦战。嬴政得知战况后，大为震惊，后悔没有听从王翦的建议。他立即亲自前往王翦的府邸，向王翦道歉并请求他出山指挥。

王翦虽然对嬴政的决策有所不满，但他仍然以大局为重，接受了嬴政的请求。他率领60万大军出征，采用稳扎稳打的战术，逐步消耗楚军的实力。最终，在王翦的精心策划和指挥下，秦军成功击败楚军，俘虏了楚王。

王翦在统一六国的过程中，不仅是秦国的军事统帅，还是一位卓越的政治家和战略家。他深知统一六国不仅是军事上的胜利，还需要在政治、经济和文化等方面进行整合。因此，他在战争中注重与其他国家的交流和合作，通过外交手段来巩固秦国的地位和扩大影响力。同时，他也注重在占领区实行有效的治理和改革，使得这些地区能够迅速融入秦国的大一统体系中。

此外，王翦还以其高情商和深谙职场之道的特点，赢得了秦始皇的信任和重用。他始终保持着一个臣子的谦恭，不居功自傲，懂得在适当的时候向君主表达自己的意见和建议。这使得他在秦国的政治舞台上能够长期保持自己的地位和影响力，并为秦国的统一大业做出了巨大贡献。

这个故事案例充分展示了王翦的军事才能和嬴政的用人智慧。王翦的深思熟虑和稳健指挥为秦国的统一大业立下了汗马功劳，而嬴政在犯错后及时改正并重用王翦，也体现了他作为一代雄主的胸怀和魄力，以及对于结果反馈的快速调整。

第3章　领导力成长阶梯：不同层次修炼

专家型，解决关键问题

领导者有不同的层级，"专家型"的领导者大多数对自己的知识和专业能力非常自信并强烈渴望掌握特定领域的专业知识，并认为管理者的合理权力来自专业知识与职位权威。专家型领导者即所谓"科班出身"，他们多是完美主义和经验主义的结合体。专家型领导者会尝试规避情绪，他们喜欢关注数据和扎实的过往经验，通过表现出对特定领域的深入了解和专业性来建立权威。这种领导者通常会利用他们的专业知识来指导团队、解决问题和做出决策。

专家型领导者通常会采取以下几种策略。

1.展现专业知识和技能

这种领导者会通过展示他们在特定领域的专业知识和技能来建立权威。他们可能会经常引用数据、研究或专业经验来支持他们的观点和决策。

2. 提供专业指导和建议

这种领导者会利用他们的专业知识来为团队提供指导和建议。他们可能会提供具体的步骤、流程或策略，以确保团队能够达到预期的目标。

3. 强调专业标准和最佳实践

扮演"专家"的领导者通常会强调专业标准和最佳实践，以确保团队的工作符合这些标准。他们可能会制定严格的标准和流程，以确保团队的工作质量和效率。

4. 塑造专业形象

为了增强他们的权威和影响力，这种领导者通常会塑造一种专业的形象。他们可能会穿着正式的服装、使用专业的术语和行话，以保持一种专业的态度和行为。

专家型领导者在解决问题的过程中也有一些弊端，一旦超越了他们的专业边界，他们可能会感觉手足无措。另外，专家型领导者还可能过度自信，以专家自居，甚至刚愎自用，无法做到广开言路、民主讨论和决策。甚至会出现专业偏见严重，严格照"本"出发，死搬专业条条框框的情况。

所以，作为专业型的领导者需要注意不要过度依赖他们的专业知识。虽然专业知识可以为领导者提供重要的指导和启示，但过度依赖可能会阻碍团队的创造力和自主性。领导者应该鼓励团队成员发挥自己的专业知识和技能，共同解决问题和推动组织的发展。

实干家，实现所需要的成果

实干型的领导者具备实际操作能力，能够将想法和计划转化为具体的行动。他们注重实际效果和产出，倾向于采取具体、实际的措施来实现目标。实干型的领导者还能脚踏实地率领团队，确保任务按时完成。他们通常具备高度的组织能力和责任心，能够处理复杂的任务，并应对压力。这样的领导通常给人踏实靠谱的印象，他们注重实际成果和绩效，不轻易放弃或偏离目标。例如，某公司开发工程师多数属于专家型的领导者，而实验室的领导则大多属于实干型。在公司项目会议上，实验室经理大声说："我知道你们工程师可以给产品加上18种新功能，但我们的客户呢，他们可不想等到下个世纪再用这个新产品。所以，依我说，8个功能就行。"这就是典型实干型的领导者表现出的特质，他们重实效，要结果。

实干型领导者的特质主要包括以下几点。

1. 执行力强

实干型领导者强调执行力度，能够有效地组织和监督团队的工作，确保任务按时完成。他们具备高度的组织能力和责任心，能够处理复杂的任务和应对压力。

2. 踏实靠谱

实干型领导者注重实际成果和绩效，不轻易放弃或偏离目标。他们能够赢得他人的信任和尊重，因为他们能够将事情做好并值得依赖。

3. 关注细节

实干型领导者注重细节和过程，会关注任务的每个环节，确保工作的高质量和准确性。他们注重细节不仅是为了保证任务的完成，也是为了提高整个团队的效率和生产力。

4. 决策果断

实干型领导者通常决策果断，面对困难和挑战时能够迅速做出决策并采取行动。他们能够权衡不同方案和利弊，并做出符合实际情况的决策。

5. 勇于承担责任

实干型领导者勇于承担责任，他们不会推卸责任或逃避困难。相反，他们会主动承担责任并寻求解决问题的方法。

6. 注重实效

实干型领导者注重实效，他们通常会设定明确的目标，并通过实际的行动来实现这些目标。他们注重结果和效果，不追求形式或表面文章。

7. 持续学习和改进

实干型领导者具备持续学习和改进的精神，他们会不断寻求提高自己的能力和改进工作的方法。他们也会鼓励团队成员学习和改进，以提高整个组织的效率和生产力。

所以，实干家领导就像一粒具有强大生命能量的种子，可以和所在的土壤合作，根植其中，用自己的力量去汲取所有有利于自己成长的资源，哪怕是一缕阳光、一滴雨露，并极力吸收、运用、转化。

促变者，努力实现突破

"促变者"型领导指的是那些致力于推动变革、寻求创新和突破现有框架的领导者。他们通常具有前瞻性思维，能够发现并抓住机会，引领组织适应变化的环境并取得更好的发展。促变者型的领导能够采取更广的视角，关注自己以及利益相关者所处的更广泛的环境。处于促变者型层次的领导者比实干型的领导会更多关注整个企业和员工的福祉。他们主要的意图是营造环境，从而持续创造有价值的成果。

促变者型领导会形成一种战略导向，并高度重视未来2~5年实现的成果，他们渴望在工作中找到更大的意义，更愿意为未来的愿景进行思考。虽然促变者层次的领导者不会对社会责任与环保责任做出强烈的个人承诺，但他们会聚焦于营造一种组织环境，使其中的人可以在工作中找到更伟大的意义。

例如，约翰·科斯特洛（John Costello）在担任美国运通公司（American Express）CEO期间，对公司的信用卡业务进行了大刀阔斧的改革，引入新的产品和服务，推动公司转型，取得了显著的业绩增长。

雷富礼（A.G. Lafley），宝洁公司（Procter & Gamble）的前CEO。在他的领导下，宝洁进行了一系列的组织变革，包括产品创新、品牌重塑和全球扩张，使公司重新焕发了生机。

梅格·惠特曼（Meg Whitman），eBay 公司的前 CEO。她领导了 eBay 的全球化扩张，推动了在线市场的创新，使 eBay 成为全球最大的在线交易平台之一。

这些领导者都属于"促变者"型领导。促变者倾向于在变革中寻求创新和突破，他们通常具备前瞻性思维，能够发现并抓住机会，引领组织适应变化的环境。他们勇于尝试新的方法和思路，不满足于现状，追求更大的发展和突破。他们倾向于开放和包容的领导风格，他们鼓励团队成员积极参与和贡献自己的力量，并注重创新和合作，以实现共同的目标。

共创者，实现共同愿景和使命

"共创者"领导，是一种新兴的领导理念和模式。这种领导方式强调领导者与团队成员之间的合作关系，鼓励全员参与和共同创造，以达到更好的组织绩效和目标，实现共同愿景和使命。共创型领导者是在组织和团队中倡导共同创造、协作和共享的领导者。他们鼓励团队成员积极参与，为实现共同目标而努力。

共，代表社会关系的接受、协同与合作；创，代表行动的导向和结果驱动。共创型领导力的核心内涵是在组织和团队中，为了共同的目标，每个人都可以以不同的方式参与领导，并根据环境和形势的需要，成为高效的团队领导者。

共创型领导者一般不会独自承担一切，而是会放权去培养更多的跟随者，会制定一个明确的方向和目标。并通过开诚布公地和所有人沟通，强有力地表达自己的愿望，坐下来鼓励其他人来领导。致力于开发人们更多的智慧，通过对别人深层的倾听，有力度地提问并作出决定，从而信任他人和指导他人。

扮演共创者的领导带领的团队往往是领导有特长，高端人才有作为，核心团队有亮点。

例如，李世民和尉迟恭在唐朝的建立和巩固过程中，共同参与了多次重要的战役。尉迟恭作为李世民的重要将领，以勇猛善战而著称。在玄武门之变中，尉迟恭发挥了关键作用，帮助李世民夺得了皇位。在唐初的一次战斗中，李世民对尉迟恭说："吾执弓矢，公执槊相随，虽百万众若我何！"这句话的意思是，我手里拿着弓箭，你手里拿着长矛紧随我后，即使有百万敌军，又能奈我们何？这段故事体现了李世民和尉迟恭之间的深厚信任和默契配合，也展示了他们面对强大敌人时的勇敢和决心。他们二人都是唐朝初期的杰出将领，共同为唐朝的建立和稳固做出了巨大贡献。这个故事也被后人传颂，成为表达英勇无畏和团结协作精神的典故。它告诉我们，在面对困难和挑战时，只要我们齐心协力，勇往直前，就一定能够战胜一切敌人，取得最终的胜利。

主帅李世民聪明睿智、眼光高远、有勇有谋、刚毅果敢，身上兼具保守和冒险两种截然不同的风格，并且心胸开阔，礼贤下士，用人不疑。在得知尉迟恭因为闹脾气被关起来后，直接命人将尉迟恭释放，又将他带到自己的寝帐之内，赐给他一箱金子，豪气干云地表示："男子汉大丈夫相交，讲的是意气相投，不用太在意细节。我相信你不会因为这一点误会心怀芥蒂，你也要相信，我更不会因为谗言杀害忠良。"尉迟恭好不容易得遇明主，当然不会弃之而去，于是拜伏于地表达忠心。从此二人建立了彼此的信任，一起为大唐江山贡献了力量，成为共创者。

共创型领导者通常具备以下特点。

1. 建立信任

共创型领导者与团队成员会建立互信关系，通过真诚和开放的沟通，让每个人都感到被尊重和重视。

2. 促进团队协作

共创型领导者强调团队合作，鼓励团队成员之间相互协作，以实现共同的目标。

3. 激发创新思维

共创型领导者鼓励团队成员提出新颖的想法和见解。

例如，某个大型科技公司的研发部门面临着一个重大挑战：开发一款能够满足市场需求的新产品。部门经理认识到单靠自己的力量无法应对这个挑战，于是决定采用共创型领导方式，与团队成员共同解决问题。

部门经理首先与团队成员建立了互信关系，通过真诚的沟通，让每个人都感到被尊重和重视。他鼓励团队成员提出自己的想法和解决方案，并认真倾听他们的意见和建议。

在共同决策过程中，部门经理与团队成员一起制订了一个详细的开发计划。他们共同确定了产品的功能、设计、市场定位和营销策略，确保每个环节都能符合团队的需求。

在项目实施过程中，部门经理与团队成员紧密合作，共同解决遇到的问题和挑战。他们通过团队协作，实现了资源的优化配置，提高了工作效率。

最终，这个新产品成功满足了市场需求，为公司带来了可观的收益。这个成果是团队成员共同努力的结果，而部门经理作为共创型领导者，通过鼓励共同创造、协作和共享，实现了团队的目标。

这个案例表明，共创型领导者能够激发团队成员的潜力，促进团队协作和共同创造，并实现更好的组织绩效和目标。通过建立互信、促进沟通、激发创新思维、共同决策、共享成果等方面的努力，共创型领导者可以带领团队共同迈向成功。

想要实现共创型的领导力，一是领导风格要具有共享的理念，二是追随者要有较高的责任感，这有助于创造性思维和超出角色以外的行为的传播。对于敏捷性的组织来说，最关键的考验在于其成员是否在正确的时间做出正确的决策，以产生所需要的结果。

协同者，完成更多目标和可能性

协同型的领导有一个特质就是能够密切注意他人，同时保持一种自己存在的背景意识，即使在高度紧张的环境中，协同者也能够准确、感同身受地兼容不同利益相关者相互冲突的观点和利益。

这是因为在一个组织或项目中，通常会有多个利益相关者，他们各自有着不同的目标、期望和利益诉求。协同者的角色就是要找到一种平衡，使得各个利益相关者的利益都能得到合理的满足，从而形成一个共同的合作基础。

例如，SAP 是一家德国软件公司，在全球拥有数万名员工。在 SAP 的发展历程中，协同者领导发挥了至关重要的作用。SAP 的领导者注重团队合作和共同目标，努力创造了一个支持性的环境，使得团队成员能够相互支持、共享资源和知识。

在 SAP 的协同者领导下，团队成员能够相互协作，共同解决问题。他们通过开放和真诚的沟通，建立互信关系，使每个人都感到被尊重和重视。SAP 的领导者鼓励团队成员提出自己的想法和解决方案，并认真倾听他们的意见和建议。他们相信集体的智慧，并通过共同决策来制订更好的策略和计划。

在 SAP 的"协同者"领导下，团队成员共同承担责任和共享成功。当 SAP 取得成功时，领导者与团队成员共同分享荣誉和奖励，增强了团队的凝聚力和归属感。同时，SAP 的领导者也勇于承担自己的责任，为团队的失败负责。

总之，SAP 的协同者领导通过建立互信、促进团队协作、激发创新思维、共同决策、共享成果等方面的努力，实现了更好的组织绩效和目标。协同者领导相信集体的力量，并通过协作和合作来实现更大的目标。SAP 的成功离不开协同者领导的贡献，这个案例展示了协同者领导在团队合作和实现共同目标方面的重要作用。

协同型领导者通常具备以下特点。

1. 建立信任

协同型领导者相信团队成员，并努力建立互信关系。他们通过真诚和开放的沟通，让每个人都感到被尊重和重视。

2. 促进团队协作

协同型领导者强调团队合作，鼓励团队成员之间相互协作，以实现共同的目标。他们努力创造一个支持性的环境，使团队成员能够相互支持、共享资源和知识。

3. 激发创新思维

协同型领导者鼓励团队成员提出新颖的想法和解决方案，通过创新思维来推动团队的发展。他们鼓励团队成员挑战传统思维模式，并寻求更好的解决方案。

4. 共同决策

协同型领导者与团队成员共同参与决策过程，鼓励他们提出意见和建议，以便制订更符合团队需求的策略和计划。他们相信集体智慧，认为团队成员的参与和共识是实现最佳决策的关键。

5. 共享成果

协同型领导者与团队成员共享成功的荣誉和奖励，而不是将成功归于自己。这可以增强团队的凝聚力和归属感，激励团队成员继续努力。

6. 勇于承担责任

协同型领导者需要有勇气承担自己的责任，并为团队的失败负责。他们应该鼓励团队成员在面对挑战时保持积极态度，并从失败中学习。

7. 持续学习

协同型领导者鼓励团队成员不断学习和成长，同时也注重自我发展。他们以身作则，通过学习和实践来提升自己的领导能力，为团队树立榜样。

总之，协同型领导者注重团队合作和共同目标，并通过建立互信、促进团队协作、激发创新思维、共同决策、共享成果、勇于承担责任和持续学习等方面的努力，来实现更好的组织绩效和目标。他们相信集体的力量，也相信可通过协作和合作来实现更大的目标。

职位优势，领导力最低层级

在企业中，领导者首先会被授予职位，这意味着上级相信新的领导者有一定的领导潜能，这代表他拥有了可以展示领导能力的平台和起点。但拥有了职位，仅仅是最低层级。获得了领导职位，只是代表拥有了领导资格，有机会表达自己的观点并做出决定。

由于领导力的核心在于个人的影响力、沟通能力、决策能力、解决问题的能力、创新能力和激励能力等。这些能力的强弱，直接影响到领导者的领导效果和团队表现。而职位优势仅仅是一种外在的因素，它并不能代替个人领导力的缺失。职位优势通常是暂时的，随着组织结构和职位的变动，优势可能会消失。而真正的领导力是由内而外的一种特质，它可以持续地发挥作用，帮助领导者应对各种挑战和变化。不同的组织和行业对领导力的要求是不同的。即使一个人在一个组织中拥有高职位和优势，也不一定能够在另一个组织中发挥同样的作用。他需要适应新的组织和行业，建立新的关系和资源，才能真正地发挥领导力。

尤其作为一名新的领导者，必须明智地运用自己被赋予的职权，提升团队成绩，并帮助你的组织成员成功。如果这样做，团队将赋予你更大的职权，这种情况下，才能获得领导力，而不仅仅是一个职位。如果你相信职位造就了领导者，那么你很难成为一个优秀的领导者。把职位优势当成目标，就会留在原地，踏步不前，只是享受这份工作带来的福利，而不是努力奋斗，不断成长，竭尽全力成为最好的领导者。

改善组织的唯一途径是使领导者不断成长并完善自我，如果是一个新手领导，或者刚刚登上不熟悉的岗位，要考虑三件事。

1. 对自我的认知

有效的领导力源于知道自己是谁，清楚自己的长项和短板，了解自己的品性和气质。明确自己的方向，知道如何通过放大自己的优势和长项去实现目标。自我认知是有效领导的基础。

2. 明确自己的价值观

价值观既是领导力的灵魂，也是行动的驱动力。拥有价值观并积极践行价值观，这样会形成自己的正向行为，并影响领导方式。比如伦理价值观、关系价值观、成功价值观等。这些价值观会帮助一个人成为正直的人，将会对团队成员富有吸引力，并使他们愿意追随你。

3. 问问自己想践行什么样的领导力

不同性格、不同方法、不同价值观的人们之所以都能成功，不是因为有一套最优的价值观或行为，而是因为他们的价值观和行为是诚挚的。如果你想成为一名优秀的领导者，你不仅必须了解自己，定义自己的价值观，还必须践行这些价值观。当你思考如何定义自己的领导力时，你要考虑你会始终如一地按照什么习惯和规则做事。比如，你将如何管理自己？每天上班时你应该做什么？你会坚守什么样的精神和伦理标准以防止自己误入歧途？你将如何对待他人？你的职业道德是什么样的？你给别人树立什么样的榜样？

处于"职位优势"中的领导者，往往只能从员工那里收获"刚刚好"的投入，这意味着他们无法取得任何大的成就，因为成功需要的不仅仅是这些。成功需要大多数人心甘情愿地付出，但又不会超过他们的能力范围，本质在于领导者是否有优秀的领导力。

所以，仅仅有了职位还无法真正实现领导力，或者说依然处于最低层级中，需要进一步提升才能迈向更高层级。需要明白，仅有职位和头衔是不够的，领导者最宝贵的资产是人，而不是职位，好的领导者需要向下属靠拢。

被人认同，领导力的第二层级

领导力真正发挥作用一定不是只有领导者在单枪匹马前行，而是一个组织共进退的结果。所以，领导力从"我"转变成为"我们"，并且能够得到组织成员的认同，就会迈进第二层级。

处于被认同层级的领导者喜欢员工，并希望帮助员工让他们成功，他们能够放慢脚步了解员工，了解他们所关心的事情。同时能够营造非常和谐的工作氛围。良好的人际关系能够为组织带来正能量，并给人与人之间的互动带来活力。当领导能够投入时间和精力去了解他人并建立良好的关系时，就会得到组织中其他成员更多积极的回报。在这样充满活力、积极的工作环境中，员工会愿意付出最大的努力，并尽最大能力做到领导满意。

要在团队中获得被认同的领导力，可以考虑以下几个方面。

（1）花时间了解团队成员的需求、兴趣、优势和劣势。通过了解他们的特点和能力，可以更好地分配任务，发挥他们的优势，并帮助他们挖掘自己的潜力。

（2）诚实、透明和公正的行为是建立信任的关键。领导者应该遵守承诺，保护团队的利益，并确保团队成员感到受到尊重和支持。

（3）确保团队有明确、可行的目标，并确保每个团队成员都理解这些目标以及他们在实现这些目标中的角色。这有助于团队成员共同努力，取得成功。

（4）领导者应该能够清晰、准确地传达信息，并倾听团队成员的意见和建议。通过开放、坦诚的沟通，可以建立积极的工作环境，促进团队合作。韦尔奇说过："好的领导者是开放的。他们在组织中的各个层面与员工互动，而不强求通过固定的渠道沟通。他们会通过非正式的方式，与大家坦诚相待。他们的平易近人使得下属愿意追随他们。"

（5）通过赞扬、奖励和鼓励等方式激发团队成员的积极性和动力。认可他们的努力和成就，使他们感到受到重视和支持。

（6）建立积极、支持性的团队文化，鼓励团队合作、创新和成长。通过强调团队价值观和文化，可以增强团队的凝聚力和认同感。

（7）领导者应该具备解决问题的能力，并帮助团队成员解决他们遇到的问题。在遇到冲突时，应该采取公正、客观的态度，促进对话和协作，找到共同的解决方案。

（8）领导者应该具备良好的个人品质，如诚实、谦逊、责任心和职业道德等。这些品质能够影响团队成员的行为和态度，树立榜样作用。为了在认同层级上建立真实的关系，领导者必须是真实的。他们必须承认自己的错误，必须认识到自己的劣势，尽量展现真实的自我。

在"认同"这一层级，领导者的任务不是巩固自己的地位，而是了解追随他的人，弄清楚如何与这些人相处。领导者了解他的下属，而下属也了解他们的领导者，由此建立起坚实、持久的人际关系。

从具有职位优势的领导者转变为认同领导者，首先不要依赖职位驱

47

动下属，不应是"官大一级压死人"，而应是使用其他技能来进行领导。其次，不要乱用权力和迷恋权力，领导力不是权力，而是一种荣幸。即使是领导也必须要不断努力，使自己实至名归，才能得到别人内心真诚的认同，而不会是慑于权威的假奉承。再次，要走下职位向员工靠拢。也就是要突破自己的舒适区，从高位走下来，走到下属当中去，尽量与员工产生互动，了解员工是什么样的人，他们需要什么，如何帮助他们实现目标等。

想要成为被人认同的领导者，那么就要用利益去驱动员工，帮助他们实现目标。在这方面，秦国的军功爵位提升就是一个非常值得学习的案例。

在秦国攻打赵国的长平之战中，秦国将领白起指挥着庞大的军队与赵军对峙。这场战役对秦国来说至关重要，因为它直接关系到秦国是否能够进一步扩张领土，实现统一六国的梦想。

在战斗开始前，秦国的士兵们都知道，只要他们在战场上表现出色，斩获敌军的首级，就有可能获得军功爵位的提升。这种明确的奖励机制极大地激发了士兵们的斗志。

战斗中，秦国士兵们奋勇杀敌，不畏艰险。其中，有一位名叫李勇的士兵，他表现出色，不仅成功地斩杀了数名赵军士兵，还斩获了一名赵军将领的首级。战后，李勇带着这名将领的首级回到了军营，作为他军功的证据。

根据秦国的军功爵制，李勇因为斩获敌军将领的首级而获得了较高的军功爵位。他的生活因此发生了翻天覆地的变化。他得到了更多的土地、房屋和仆人，社会地位也得到了提升。更重要的是，他的家人也因为他的军功而得到了荣誉和尊重。

这个案例充分展示了秦代军功爵制在激励士兵作战、提高战斗力方面的作用。通过设立明确的奖励机制，秦国成功地激发了士兵们的斗志，让他们在战场上勇往直前，为秦国的统一大业立下了赫赫战功。

同时，这个案例也反映了秦代军功爵制的一些特点。它不问出身门第，只看军功大小，这使得许多出身低微的士兵有了改变命运的机会。此外，军功爵制还强调证据的重要性，要求士兵必须带回敌军首级作为军功的证据，这在一定程度上保证了军功的真实性和公正性。

认同层级的领导者要知道，别人跟随你完全基于人际关系，下属无论在家里还是工作环境中都会变得更加愉悦。另外，领导者的任务不是巩固自己的地位，而是了解追随他的人，弄清楚如何与这些人相处，给予他们想要实现的目标，想要得到的东西，才能真正留住他们的心。

业绩，领导力的第三层级

一个企业中，领导真正要实现的目标就是带出成绩，业绩的强弱也是考量领导力强弱的关键指标。所以，靠业绩说话的领导力已经属于第三个层级。业绩可以用于评估领导者，并把真正的领导者与仅是占据领导职位的人区分开。好的领导者总能实现目标，得到成果，对组织产生重大影响。他们不仅能独立完成任务，还能帮助团队完成任务。这种能力给予了第三层级领导者自信、可信度以及影响力。

一个领导者的业绩可以反映其工作效果和能力，是衡量其领导水平的主要依据。领导者的业绩包括完成工作任务、达成业绩目标、提高团队士气、降低人员流失率等方面。如果一个领导者能够在这些方面取得良好的业绩，就表明他具备了一定的领导能力。此外，领导者还需要关注团队成员的成长和发展，帮助他们提高技能，促进整个团队的进步。如果领导者能够有效地指导和培养团队成员，提高整个团队的素质和水平，那这也是领导力的体现。然而，业绩并不是衡量领导力的唯一标准。领导者还需要具备其他的能力和素质，如沟通能力、决策能力、解决问题的能力、创新能力和人际关系能力等。这些能力可以帮助领导者更好地应对复杂的工作环境，带领团队取得更好的成果。

岳飞是南宋名将，由岳飞亲手组建的"岳家军"则称得上南宋第一军团。

岳飞领导的抗金队伍岳家军。有"撼山易，撼岳家军难"的感叹，当时，岳家军的名号，威震天下。常常只是岳字旗一出现，金兵便不战自溃；岳家军所到之处，百姓为之助威，贼众为之顺服，人气之旺，令皇帝都感到紧张。不过大部分人只知道岳家军实力超强，却鲜有人知这支军队是被如何打造出来的。

在宋朝时期，军人的工资很高，尤其像岳飞工资就更高了，岳家军为什么如此有战斗力？因为岳飞爱兵如子，经常把皇上或者是国家赏赐给自己的金银财宝，或者是收入分给士兵养家糊口。而且岳飞特别关爱自己的大将，不仅关怀大将在部队里的作战生活，还会关怀大将的家眷，让他们免去后顾之忧，心无牵挂上战场。

岳飞身为大将军，每战也必身先士卒。岳飞在用自己的战斗力和强大的自我修养给士兵率先垂范。俗话说，将有必死之心，士无贪生之念。打仗的时候作为指挥官，最应该喊的就是"跟我上"，而不是"给我冲"。有了这样模范的领导，岳家军在战场上好比出笼的猛虎，人人奋勇向前，无往而不胜。

在业绩层级的领导者，获得了影响力和公信力，下属因为领导者为组织所做的一切而追随他们。在这个层级由于业绩完成得好，士气也会高涨，企业利润上升，人员流动降低，并让目标实现。由此，真正的激励发挥作用。在这个层级上，领导力往往较容易实现，既能领导他人又能影响他人，可以让许多问题迎刃而解。

这个层级中，领导者更像企业变革的推动者，他们可以面对并解决棘手的问题，甚至可以将员工的士气和效率提升一个档次。这个时候的领导力水平关键是要了解个人的天赋对实现目标意愿的贡献，让团队或部门擅长他们所做的事情，业绩必须从领导者开始。另外要为需要完成的业绩制定可执行的目标。一个引人注目的目标是清晰和明确的，同时还应具有开拓性和挑战性。

优秀的领导者不断传达组织的愿景。他们清楚地、创造性地、坚持不懈地去这样做，但这并不意味着接收信息的每个人都理解并拥护它。领导力的业绩层级通过行动传达愿景，这有助于员工以前所未有的方式理解愿景。当追随者看到积极的结果，看到目标得到实现时，他们会更清楚地明白实现愿景意味着什么。

随着业绩的增加，领导力将开始大踏步地发展。以牢固的关系为基础，获得成果的领导者将极大地改善他们的团队或组织。

对于业绩型领导者，也有显而易见的劣势。

1. 拥有了高业绩领导者会自我归功

一个再强大的领导者，个人成功并不总能转化为团队的成功。一个团队的业绩不是建立在个人独立完成的事情上。就像一个球队中，那个伟大的球员拿下了战绩，教练虽然有功，但起关键作用的还是这个球员。领导也是如此，如果一个领导者为了个人目标服务，忽视了他的团队，并使团队受到重挫，显然这样的领导并不合格。

2. 业绩型领导者要对结果负有重大责任

一个团队或组织业绩是可衡量的，收益率是可量化的，整个团队和组织的成长是有形的。如果领导者无法提高这三个指标，则要对此负全部责任。不论多么优秀的领导者，如果不能取得业绩则无法取得长久的发展。

3. 拥有高效业绩的领导者往往会面临艰难决策

任何一个表现出繁荣景象的组织，一定离不开那个做出过艰难决策的领导，并且必须是持续性做出这样的决策，才能保证后续组织的欣欣向荣。

业绩型领导要成功，需要采取以下策略和行动。

（1）一个好的领导者应该明确自己的目标和期望，并将其传达给团队成员。这有助于团队成员理解他们的工作方向，从而更好地完成工作。

（2）制订详细的计划，包括短期和长期目标，以及实现这些目标所需的步骤和行动计划。这有助于领导者更好地掌控工作进程，确保团队能够按时完成任务。

（3）领导者需要激励团队成员发挥他们的最佳能力。这可以通过表扬、奖励、鼓励和提供发展机会等方式实现。领导者还应该关注团队成员的成长和发展，并为他们提供必要的培训和支持。

（4）领导者需要与团队成员建立良好的沟通关系，以便更好地了解他们的需求和关注点。这有助于领导者更好地解决团队成员的问题，增强团队的凝聚力。

（5）领导者需要有效地管理时间，以确保他们能够优先处理重要的任务。这可以通过制定优先级、合理分配时间和合理利用资源等方式实现。

（6）领导者需要树立良好的形象，要成为团队的榜样和表率。这包括具有高度的道德品质、专业知识和技能，以及积极的工作态度和行为。

（7）领导者需要不断寻求改进，以提高团队的效率和生产力。这可以通过持续改进工作流程、创新和寻求新的机会等方式实现。

育人，领导力的第四层级

育人型领导，也被称为发展型领导或教练式领导，是一种重视个人和团队发展的领导方式。这种类型的领导认为，一个优秀的领导者不仅需要带领团队实现目标，更重要的是培养团队成员的技能和能力，帮助他们实现个人和职业的发展。

与传统的指令型领导相比，育人型领导更加注重人的发展和团队的合作，而不是单纯地追求业绩和目标。这种领导方式能够帮助团队建立持续的竞争优势，提高员工的满意度和忠诚度，从而实现长期的成功。

给一个团队带来业绩固然重要，但还有比工作出色和团队高绩效更好的领导，那就是培养员工，让他们能够与企业一起成长，最终实现人人都成为领导。因为，一个企业也好，一个团队也罢，人才是最宝贵的资源。遇到了育人型的领导，员工才会领悟真理，在被影响和被带动的情况下才会成长。一个组织的领导者越优秀，组织的潜能就越大。因此，怎么重视投资员工也不为过。每次你提高组织中一个人的能力，你就提高了实现企业愿景的能力。当优秀的领导者领导组织并创造积极、高效的工作环境时，一切都会变得更好。

例如，海底捞作为餐饮界的传奇，在管理上就十分注重培养员工，把一线员工培养成主管，把主管培养成店长，并且放权和授权给下面的员工。海底捞的创始人鼓励每位员工都积极参与到企业管理中来。海底捞的中高层管理人员都有一定权限的审批权或签字权。并且那些与顾客距离最近的一线员工也有着一定的决策权。一线员工可以根据情况免费赠送一些菜给顾客，还具有免单权。如果当天对顾客来说是个特别的日子，比如说过生日，一线员工则可以自行决定给顾客开设雅间，或者赠送果盘，在菜的价格上也可以给一定的折扣。

海底捞充分发挥以客户为中心的原则，一线员工甚至可以暂时离开自己的岗位，与顾客一起庆祝。这种管理方式，使顾客对海底捞感到很亲切，它的顾客也越来越多。

当领导者专注于员工发展、授权他人进行领导时，这些被培育的员工，每个人都会从中获益。首先，这一举措有益于员工。当新的领导者被培养出来时，他们更加擅长自己所做的事情，并且能够帮助与他们一起工作的每个人做得比之前更好。当这些新领导者开始与员工建立关系时，他们会更好地对待这些员工，工作环境也会因此得到改善。当他们达到了业绩型领导者的层级时，他们的业绩就会提高。其次，这有益于组织发展。随着更多优秀领导者的加入，组织的现状会有所改进。每一位成熟的领导者都会为组织增添更多力量。组织内领导力的扩散也会使其有能力开发新领域并推出新举措。最后，这有益于培养新的领导者，而且新的领导者有助于分担一部分工作压力。

在培育员工的时候，对领导者是有要求的，作为领导者必须把更多的注意力放在他人身上，并且出于真心帮助员工成长、学习以及获得成就。同时，领导者要像仆人一样，为员工消除阻碍他们工作的绊脚石。当然，想要达到培养更多领导者的目的，在招聘的第一关就要尽可能找到最优秀的人，招聘成功的关键是清楚地知道你在寻找什么样的人。然后，要清楚地了解每个人的长处和短处，并把这些招聘到的优秀员工放在他们合适的位置上。

领导力是设计出来的

传承，领导力的第五层级

一个高层级的领导者不仅要把别人培养成领导，还要形成一种领导文化，让组织更进一步去发展，把领导文化传承下去。要培养其他领导者，使他们成为领导者的时候，往下培养更多的领导者，并使组织中的领导力文化得以传承。

海尔总裁张瑞敏在谈到自己的角色时说："我第一是设计师，在企业发展中使组织结构适应企业发展；第二是'牧师'，不断地布道，使员工接受企业文化，把员工自身价值的体现和企业目标的实现结合起来。"可见，对于企业高层管理者来说，如何让员工认同企业的文化，并转化为自己的工作行为，是关系企业文化成败的关键。

如果员工不能认同企业的文化，企业就会形成内耗，虽然每个人看起来都很有力量，但由于方向不一致，导致企业的合力很小，在市场竞争中显得很脆弱。长期来看，没有强有力的企业文化，企业也就无法形成自己的核心竞争力，在竞争日益激烈的市场上，是无法立于不败之地的。

再例如，通用电器公司之所以取得成功，离不开杰克·韦尔奇的领导能力，他属于培养领导，并让领导力传承的一个优秀领导者。

韦尔奇相信领导力是组织成功的关键因素之一，他致力于培养具有全球视野和卓越能力的领导者。这种领导理念激励着员工不断发展和提升自己的领导力，从而为组织带来更多的价值。他认为，个人的成长和发展是组织发展的基础。他鼓励员工自我挑战，尝试新事物，并从失败中学习。他支持员工接受培训和教育，提升技能和能力，并给予他们充分的自主权和责任。这种关注个人成长和发展的态度激发了员工的积极性和创造力，促进了领导力的提升。韦尔奇注重建立一种以领导力为核心的组织文化，鼓励员工发挥领导作用，并让他们决策和发展。他通过奖励和激励措施，鼓励员工展现出领导力，让员工感受到了组织的重视和支持。这种领导力文化有助于形成组织的竞争优势，吸引和留住优秀的人才。他鼓励员工承担风险，尝试新的领导风格和方法，并提供各种实践机会，如担任项目负责人、管理团队等。通过实践，员工可以更好地理解和应用所学的知识和技能，提高自己的领导水平。韦尔奇十分注重选拔具有潜力和优秀的人才，通过严格的选拔标准来保证人才的品质和领导力的潜力。他相信只有具备卓越才能和领导力的员工才能成为未来的领导者，因此他致力于寻找符合这些要求的人才，并给予他们充分的机会和挑战，以促进他们的发展和成长。

处于最高层级的领导者需要注意，层级越高越要谦逊，不能认为自己已经抵达终点，要时刻保持警惕，不能傲慢也不能利用特权，领导者也不应将组织视为他们的个人财产，哪怕事实确实如此。为组织工作的员工将自己委托给组织，如果你是领导者，你就不能在做决定时只考虑你自己和你的个人利益。每个人付出多少就应得到多少。那些在自己的领域达到巅峰的人往往会感到自己已经没有什么可学的了，这种倾向是十分危险的。如果你也有类似的感觉，那这就是终结的开始。为了保持高效，领导者必须不断学习。

无论你在领导力之旅中走到哪里，都不要忘记，帮助你走到这一阶段的事物无法帮助你再走向下一阶段。向前迈出的每一步都需要你专注并愿意不断学习、适应、制定战略和努力工作。没有专注、谦逊和努力，你就无法保持领先地位。

第二部分

小规模企业领导力设计要素

第4章　组织人员素质设计

对员工职业技能的培养

对员工职业技能的培养是提升员工能力、促进个人和组织发展的重要途径。对于小规模企业来说，培养员工的职业技能非常重要，因为职业技能是员工的核心竞争力，也是企业发展的重要支撑。

时代在不断发展和进步，对于技术和能力的要求也日新月异，对员工需要求实时学习，或者必须应用新的或未经检验的方法，在他人的帮助和指导下，最终完成工作并获得新的持久性的能力和知识。企业要通过不同培训方式的设计，提升员工的工作效率，加速员工技能的成长速度。常见的提升员工技能的方法有"721能力培养模式"，也就是70%的培训是通过在岗经历和工作发展中的有挑战性的任务或目标、轮岗等实现，20%的培训通过工作环境中的反馈与教练、社交式学习等实现，10%通过结构化的培训课程、自学、参加行业论坛、阅读相关书籍等实现。

那么如何培养员工的技能呢？

1. 聚焦

小规模企业资源有限，培训更不可能实现大锅饭，不可能针对每一个员工平均分配，培训作为发展员工能力的工具，最终目的是要提升企业绩效产出。所以，企业要聚焦最重要的业务板块，找出员工与重要业务板块之间的差距，有针对性地去培训和提升。

2. 调研分析

对负责关键业务板块的员工进行问卷调研，通过询问员工期望达到什么目标、采取何种措施、期望培训后获得什么结果等，找出他们的实际需求和薄弱环节，以此作为培养计划设计的基础，进行在岗学习培养、可执行部分等规划培训设计，快速提升员工能力。

3. 设计和评价

培养计划在技能培养评价体系中，有一个常见的标准为"SAM"，Specific（明确的）——明确哪些员工的特定的技能、行为或知识需要提升。Actionable（可执行的）——定义学员有哪些典型工作情景，可以应用学习内容。Measurable（可衡量的）——通过一段时间的培养及实践，学员是否有应用学习内容到工作的典型场景，在哪些行为和绩效上有区别？

4. 通过工作任务进行学习

在工作中学习比单纯理论性学习更重要，这不仅能帮助员工实现最终的能力和提升，还能给予员工发展特定技能和知识的机会。设计工作任务时，要从企业的经营目标出发，明确工作任务为组织带来的特定的可衡量的收益、价值、成果等。工作任务包括但不限于工作目标设定、行动计划、跟进、向管理者咨询转化情况、刻意练习、辅导他人等。

5. 技能成果展示

可以通过设计工具表格和表彰展示墙等，进行个人学习行动计划的展示，以此激励员工更快速地成长，同时带动其他员工的成长。

总之，企业仅仅通过招聘已经很难找到满足所有条件的人才，因为岗位需求在不断扩张，尤其对于小规模企业来说，在现有劳动力中寻找或培养新技能是非常关键的竞争力之一。随着行业、组织以及客户需求等持续变化，企业对职工技能迅速重塑和升级的需求只会越来越大，这些挑战要求组织需要重新思考并采取动态的技能培养方式，让员工最大限度在当前职务中运用所学技能，而不是预测未来或等待高管下达培养新技能的指示。

培养人人都能成为管理者

小规模企业由于人员少，管理事务并不复杂，所以更需要"人人都是管理者"。如此才能让员工更有主人翁意识，不是仅仅把自己当成被雇用的一员，而是组织中的一分子，团队中的主力。当员工对自己的工作有更高的自主权和控制力时，他们会更加专注于任务，降低错误率，提高工作效率和质量。自我管理有助于员工更好地管理时间、任务和优先事项，从而更好地完成工作。

自我管理有助于培养员工的责任心和主动性。员工对自己的工作有更高的自主权时，会更愿意承担责任，主动解决问题，并寻求更好的解决方案。这种主动性可以促进员工的个人成长和职业发展。自我管理有助于促进员工的个人成长和职业发展。当员工学会更好地管理自己的时间和任务时，他们会有更多的机会和时间去学习新技能、获取新知识和参与新项目。这种成长可以增强员工的自信心和能力，提高他们的职业竞争力。

当员工学会自我管理时，企业可以降低管理和监督成本。员工可以更好地管理自己的工作和任务，减少对外部管理和监督的依赖。这有助于提高企业的效率和效益，降低运营成本。

人类的首要工作已由工业时代的"控制"转换为智能时代的"释放"，传统领导力已经过时了。企业必须由小企业初创时代的个人驱动向大集团分兵种作战的组织驱动转变，这就要求员工从"领导盼咐我照办"向"我计划怎样干"转变，也就是说人人都要成为领导者，这也是企业面对复杂多变竞争环境的必然选择。

大家在工作中，一定经历过这种情景：企业开会，大家花了很多时间讨论，却对某个问题迟迟无法达成一致，所有人都感觉精疲力竭；或者某个项目出现问题时，大家都在互相扯皮、推卸责任，所有人都忙于互相指责，却没人去思考出现问题的原因以及解决的办法。每每这时，我相信很多人都听过，或者自己都说过类似的话："团队效率低，业绩差，我又能怎么办呢？我又不是领导！"而领导有时也会抱怨，我已经把问题和方案提出来了，下边执行不好我能怎么办？这就说明，每个人在职场中的不同阶段，应找到相应的方法来提高自己的领导力。掌握了领导力真谛的人，无论是否自己实际带队伍，都是极其出类拔萃的优秀人才。

未来的组织，无论法定权力的来源如何，本质上可能都是倒三角形结构的。即组织会由一线的工作单元所驱动，而一线的工作单元里，领导者和团队合作者，甚至客户，都是一种协同互动的关系，这个组织就是靠领导力推动的。因此，人人都可能成为领导者，整合企业内外部的资源。而具有法定权力意义的上级，只是整个工作单元的支持者和协调者。

为什么会有这样的结构出现呢？因为只有这样的结构，才能最有效地利用资源，满足客户不断变化的、有差异化的需求。因此，领导力是未来组织中最重要的能力。

让我们来看一个案例：

经常坐飞机的人最头疼的事情就是遇到飞机晚点，所以联合航空公司的机长丹尼·弗拉纳根就用他的实际行动证明了什么是"人人都能当领导者"。乘客在芝加哥机场度过了难挨的二十多个小时后，他作为机长要做出决定，是否要在当晚机场关闭之前带大家飞往奥兰治县。当时时间很紧，时机把握不好的话是不可能执行这场任务的。弗拉纳根拿起麦克风开始召集所有乘客，他对大家说："我知道大家这一天过得十分糟糕，飞机总是在延误，我希望兑现航空公司的承诺，带大家飞往加利福尼亚，但如果要在窗口关闭前起飞，需要大家所有人的帮助和配合。我希望你们拿出最快的速度帮助身边需要帮助的人，一起高效地完成登机过程。"

于是神奇的一幕出现了，乘客们以最快的速度开始排队，帮忙照看孩子、婴儿车和助行器。乘务员看到机长动员大家、帮助大家，也主动帮助乘客登机、装行李。飞机起飞以后，乘务员把机长写的便条发到了每位乘客的手里，上面写着"谢谢大家的帮助与配合"。

在这位机长亲自作表率和承诺下，大家不但结束了漫长的机场等待，还感受了一次最美好的飞行体验。

这位机长说，他希望每次登上飞机，都有机会去做承诺、去做表率、去示范什么叫作追求卓越。他也坚信自己的团队成员愿意做同样的事情。他热爱自己的工作，这种热爱也感染了别人。

如果发生了延误，他会为飞机上的每个人订购比萨或者汉堡包。在大家吃的时候，他会详细解释为什么会发生延误，还讲一些和延误有关的趣事。弗拉纳根机长会为乘客搞抽奖活动，他会给无人陪伴的儿童父母打电话，告知他们的孩子会安全到达。他用手机给货仓里的宠物拍照片，并把照片拿给宠物的主人看，让他们知道自己的宠物是安全舒适的。他亲自帮助坐轮椅的乘客登机。没人要求他做这些事情，但他真诚主动地去做了这些事情。他说："我每天都发自内心地工作，选择我的态度。"

弗拉纳根机长知道领导者和空有权威者之间的巨大差异——任何人都可以选择成为领导者。了解如何帮助员工做出这种选择的组织，会拥有不可思议的竞争优势。一个组织如果有很多像丹尼这样的员工，它将势不可当。

所以，如果一个企业中"人人都是领导者"，人人都能实现自我管理，如同杰克·韦尔奇看待他在通用的工作："困难就在于将主人翁意识……在组织中传递下去。"每个人都应该通过他个人的贡献和影响力，来进行领导。

建立团队协作能力

如果把组织比喻成一艘船，管理者是掌舵的船长，员工是一起工作的船员。在这艘船上，大家一起前进后退，一起直面狂风暴雨，一起努力到达成功的彼岸。所以，在这艘船上的每一个人都需要尽自己的一份力，才能使这艘船向着既定的目标平稳前进。原始人为什么喜欢联合起来猎杀动物，而不愿意个体单干？很简单，因为一个人单独行动的时候，通常只有被动物伤害的份儿；而众人分工协作，就有丰富的美餐。现代管理同理，只有建立起团队协作能力，企业才能长存并良好发展。

建立团队协作能力是企业在当今竞争激烈的市场环境中取得成功的重要因素之一。团队协作能力是指团队成员之间相互协作、配合、沟通和协调，以达到共同的目标和愿景的能力。

建立团队协作能力的案例有很多，这里举一个简单的例子来说明。

假设有一个软件开发团队，团队成员包括项目经理、前端开发工程师、后端开发工程师、测试工程师等。为了建立团队协作能力，这个团队采取了以下措施。

（1）团队成员共同制定了项目目标，明确了项目的愿景和价值观，并对其产生了认同感和归属感。

（2）团队成员之间建立了多种沟通渠道，如即时通信工具、电话、邮件等，并定期召开项目进度会议和团队建设活动。

（3）根据成员的技能和经验，进行合理的分工，明确每个成员的责任和任务。每个成员都清楚自己的职责和工作范围，并承担起自己的责任。

（4）团队成员之间相互信任和尊重，相信彼此的能力和诚信。他们通过积极的沟通和合作，共同解决问题和克服挑战。

（5）团队成员及时向其他成员提供反馈意见和建议，以便更好地协作和完成任务。在发现问题和挑战时，及时调整工作计划和方法，确保团队协作的高效性和顺畅性。

通过以上措施，这个软件开发团队建立了良好的团队协作能力，有效地完成了项目任务。这个过程中每个成员都能够发挥自己的优势和特长，提出新的想法和建议，增强团队的创造力和竞争力。最终，这个团队成功地交付了高质量的软件产品，获得了客户的高度评价和认可。这个案例说明了建立团队协作能力的重要性。只有通过明确的共同目标和愿景、良好的沟通机制、分工合作、建立信任和尊重的关系以及及时反馈和调整等方法，团队才能够有效地协作和完成任务，取得成功。

在建立团队协作能力方面，曾国藩有着独到的见解和实践。他通过一系列的策略和方法，成功地构建了一个高效、协作的团队，为晚清的政治和军事领域做出了显著贡献。

曾国藩开始组建团练的时候，冷静分析过绿营军的优势和劣势。发现绿营军的制度有严重的缺陷：允许部队搞第三产业来创收！导致这个问题的原因是朝廷的"低饷制"！这就充分说明一个问题，管理者不想出高薪，允许员工接私活。当时的绿营军武官和文官一样拿着低俸禄，都靠吃空饷以及与地方做生意来赚钱，这样无形中让军队利用收保护费、走私等阴暗的手段去牟利。官大了捞大钱，小兵们则掳掠老百姓，这样一来，士兵哪有心思去打仗？只想着贪财保命。于是曾国藩给官兵们开出"厚饷制"，给湘军士兵的饷银是正规军的三倍，是务农农民的 4~5 倍，打了胜仗还会按照贡献进行比例分成，如果是在战场上战死，抚恤金是朝廷的数十倍。这样的一个利益激励使得人们都力求去从军，因为参军的人数多了，曾国藩就有机会实现择优录取。另外，军队被允许打了胜仗可以去抢敌人的财物，抢来的东西上交两成，其他都归打胜仗的部队。如此，大大激发了士兵的战斗力和积极性，他们知道跟着这样的领导有饭吃、有钱花，胜了仗还能得到更多的好处。一支非常强大的湘军从此诞生。

因此，建立团队协作能力，首先需要团队成员不相互防备，不掩饰自己的缺点。他们要能承认自己的错误和不足，敢于发表意见，不用担心遭别人的打击报复。信任不是天然形成的，而是需要刻意练习的。团队在练习时，领导要抛开面子第一个参与，这些都能建立团队成员之间的彼此信任感。其次要不惧怕冲突，协作之中难免会有意见不统一，不要单纯追求"一团和气"，有思想上的交锋，才能提出有建设性的意见和结论。建立信任的前提，要鼓励冲突和辩论，既要挖掘冲突的原因，也要即时允许冲突发生。再次，整个团队要为了目标积极承诺，在辩论中公开自己的真实意见，尊重不同意见，不要追求绝对把握，而是要确保方向一致，在行动中不断磨合与修正。又次，团队不能逃避问责，要敢于承担责任。遇到问题团队成员不要互相指责推诿，而是要找出问题所在，敢于彼此负责，并对别人的表现有更高的期待。最后要真正共享成果，一个重视团队集体利益的组织，才能共享团队成果，如果团队没有成功，个人的成功就没有任何意义。领导者要奖励团队的胜利，只有团队的胜利才是真正的胜利。

培养员工解决问题的能力

培养员工解决问题的能力对于企业的成功至关重要，因为解决问题的能力是员工在日常工作中遇到挑战和问题时，能够快速、准确地找到解决方案的关键能力之一。作为领导不能事事亲力亲为，更无法在讲究效率的当下，总是推着员工一步一步去移动，在日常生产管理中，怎样才能让员工主动思考消除浪费、提升效率，对中小企业来说尤为重要。

一个人能解决多大的问题，就会给组织创造多大的价值，一个企业能解决多大的问题，就能给社会创造多大的价值，创造的价值越大，获得的回报就越大。

培养员工解决问题能力的案例有很多，这里举一个简单的例子来说明。

有一家制造企业，生产线上经常出现零件损坏的问题，这就导致生产效率低下，并使成本增加。为了解决这个问题，企业决定培养员工解决问题的能力。

  首先，企业提供了一系列培训课程，向员工传授解决问题的技巧和方法，包括问题分析、原因排查、解决方案制定等。同时，企业还提供了一些实际案例，让员工进行模拟分析和讨论，提高他们的实际操作能力。其次，企业鼓励员工主动发现问题和解决问题。企业制定了一项奖励制度，对那些主动发现问题和解决问题的员工给予奖励和表扬，激发员工的积极性和创造性。另外，企业还建立了一个团队解决问题的机制。生产线上的员工组成一个小组，共同分析问题、找出原因、制订解决方案并实施。通过团队合作，员工们可以互相交流经验和技巧，共同解决问题。

  经过一段时间的努力，员工们逐渐掌握了解决问题的技巧和方法，生产线上的问题得到了有效解决。生产效率得到了提高，成本也得到了控制。

  这个案例说明了培养员工解决问题的能力对企业的重要性。通过提供培训和实践机会、鼓励员工主动解决问题、建立团队合作机制等方法，企业可以提高员工解决问题的能力，增强企业的竞争力和创新能力。

  员工遇到问题能够自发主动地去克服各种困难并把遇到的普通问题进行彻底解决，对管理者而言，才算是管理真正到位。当员工解决问题的能力提升了，管理者才能真正解放出来，去协助团队全力解决那些普遍存在的重大业务难题，进而带领团队走向更大的辉煌。否则，管理者总被各种重复出现的问题所困扰，问题堆积多了，就会从小问题变成大问题，容易解决的问题变成棘手的问题。

作为领导者如何系统性地提升团队员工解决问题的能力呢？

1. 让员工建立解决问题的意识

一个好的团队，遇到问题不推诿、不抱怨，每个人都先尝试自己解决问题，实在不行，再如实客观反映问题。遇到自己无法解决的重大问题不隐瞒，积极上报寻求别人的帮助。企业里要形成一种"不让干活的人受委屈"的氛围，如果总让那些干活的人受委屈，啥也不干的人反而成了优秀，这样人人都会裹足不前。

2. 领导不能培养职场巨婴，更不能包办替代

在业务开展中遇到的问题，该领导解决的领导来解决，该员工解决的，管理者不能代劳，如果在前期不熟悉业务的话，管理者带着解决，后续员工必须自行解决，持续无法解决问题的员工，只能被淘汰。尤其小规模企业更不能养闲人。员工岗位职责范围内的问题，需要员工自行解决，跨部门的事情需要管理者协助解决。

总之，培养员工解决问题的能力是团队最大的生机所在，团队总在自行进化，要辅以制度性纠偏，而这样的团队，非常考验管理者的领导能力。

关注员工个人的成长

关注员工个人成长是企业培养人才、提高员工满意度和留任率的重要举措之一。当员工感受到企业在关注其个人成长时，他们会更有动力

和信心去发展自己的能力和潜力，提高工作绩效和创造力。

领导力的优劣体现在结果上，就是能否把自己的领导力发扬光大，并带出更多具备领导力的下属。这也就是目前流行的观点，一个好的组织是能够为员工赋能的平台。

使个人能力发展与组织的愿景、使命、价值观形成联机，个人与组织发展方向一致，个人才能得以更好更快地发展。

我认为人才是团队取得成功的基石，对于每一个加入团队的人，主管都要严格把控，尽最大努力为团队筛选出 A 级人才。在管理学里，有一个著名的理论叫羊群效应。一个团队就像一个羊群，如果团队里有很多 A 级人才，那么这些 A 级人才同样会吸引一大批优秀人才到来。同样，如果团队里有很多 B 级人才，那么他们就会吸引更多的 C 级和 D 级人才。B 级人才是不会吸引 A 级人才到来的。

在《遗失 16 年》的采访视频里，乔布斯首次聊了他的人才观，他说："我的成功，得益于发现了许多才华横溢、不甘平庸的人才。不是 B 级、C 级人才，而是真正的 A 级人才。而且我发现只要召集到 5 个这样的人，他们就会喜欢上彼此合作的感觉，这是前所未有的感觉，他们会不愿再与平庸者合作，只会招聘一样优秀的人。"

虽然新手管理者一开始管理团队的规模都很小，但招聘 A 级人才的重要性，与管理大团队时同样重要。特别在团队的早期，先加入的人对团队的影响力更大。他们的工作态度和价值观，组成了团队初期核心文化的一部分。很多后加入的人，会密切观察老员工的做事方法和工作态度，并受到影响。假如老员工对工作漫不经心，经常迟到早退，后加入的人也会跟着效仿和学习，甚至一部分优秀的人会果断离开团队。

我在设计的面试题里，可以看出每个人的特性，并给他们安排适合的工作，在合适的岗位上，每个人都可以最大化地发挥自己所长，做这个职位的最强者，这样的团队组织起来，各司其职，各有所长，就是最强的团队。

以上内容充分说明了招聘是一项长期且有规划的工作，不能临时兴起现抓人，制订切实有效的招聘计划是有效招聘的工作基础。要做好招聘，就不能是"头痛医头，脚痛医脚"的救火行动，而应是长期人力资源储备，挖池蓄水的过程。

现在这个时代与以前相比发生了很多变化。环境在变，企业和团队、绩效和发展等都在发生改变。作为一个企业和组织，如何适应环境，适应这种变化呢？一个企业生存依托的是效率，依托的是未来的发展，那么这二者的原动力从何而来？无论环境怎样改变，唯一不变的动力依然是"人"。一家企业要发展，一定离不开企业内所有的人。不管是企业的战略还是组织的发展，最后一定会落在人身上，因为人才是最终让战略执行到位的最小单位。

那么应对挑战，需要的依然是"人"以及由人组成的团队。从建立一支小团队进而构建成大团队，从而使整个组织具备持续的适应能力。一支好的团队是成就事业的基础。

传统领导者主要的精力会用在组织的绩效增长上，而赋能型的领导者则会把更多的精力放在员工的个人成长上。绩效的增长与员工的成长是相辅相成的，没有员工个人的能力何来傲人业绩？领导者必须深谙这层道理，把团队状态和组织能力当成常抓不懈的大事，切实关注每一个员工在工作中的持续成长，让他们在做好当前工作的同时得到充分的锻炼和成长，也唯有如此，他们每年的成长才能支撑组织次年的业绩增长。从这个角度看，挑战性工作不仅是业绩增长的需要，更是精英员工自身成长的必需。

人往高处走，无论是工作还是生活，人总要有个奔头。或者说，人要基于对未来的希望，来克服当下工作中的辛苦与疲惫。员工来企业上班，自然对未来也是充满希望的，例如，职务提升、收入提升、个人发挥空间、权力影响力，乃至在企业里受尊敬的程度等。甚至不局限本企业的发展，寻求在行业内乃至跨行业的更大发展，或是从职业模式提升到创业模式。领导者要替员工想到这些，才能真正做到赋能。

比如，海底捞的员工招聘和管理就非常值得关注和学习。海底捞有一条宗旨，就是所有的高层都是从底层上去的，而在招聘人员的时候，也会通过层层筛选，找到真正与企业文化相匹配的人，也就是我常说的有缘人。然后通过不断培训、轮岗，从内部不断晋升，所以这也给了不少人努力工作的积极性。大家应该也听说过，海底捞员工的工资待遇都不错，一名普通员工月薪都能达到4000元以上，而且只要肯努力工作，升职加薪很快。一名普通员工，有非常大的机会成为店长，坐拥30万年薪。而且干的时间越长越有发展空间，在海底捞，每个员工都能够凭借自身的努力向上晋升，很多高管也都是从最基层的服务员做起的。给员工充分的晋升空间，这样会使得更多的人在工作的时候充满自信和激情，更能表现自己的实力。

未来世界是不确定的时代,战略无法制定,对手不知道在哪里,新技术不知道什么时候产生,作为企业或者组织的领导者如何实现企业与组织目标,如何提升团队效能?答案就是构建赋能型团队,打造为员工赋能的平台,关注员工的个人成长。在这个个体崛起的时代,只有极大发挥个体价值才能给团队带来更多的效益,也更能发挥真正的领导能力。

建立和推广员工"主人翁意识"

建立和推广员工"主人翁意识"是企业激发员工归属感和责任感,提高员工工作积极性和创造性的重要手段之一。通过培养员工的主人翁意识,可以使员工更加关注企业的整体利益和发展,并积极参与企业的各项活动,为企业的发展贡献自己的力量。

作为领导一定要明白"主人翁"意识的重要性,并把它作为一种信念植入员工的头脑中,把员工的"要我做"转变为"我要做",并让他们感到"我在这个企业的工作是很有意义的"。只有员工将企业当作自己的家,把企业的利益与自己的利益合为一体,企业才能实现企业与员工的共同发展,员工才会毫无保留地发挥主观能动性,以前所未有的归属感为企业工作。

希望员工拥有"主人翁意识",组织和管理者需要对员工进行激励,这些激励既有物质激励,也有非物质激励。所谓非物质激励是指企业采取货币以外的方式激励员工,包括情感激励、成就激励、竞争激励、角色激励、目标激励。

1. 情感激励

投入最少，回报最高。因为人是感情动物，人的行为是靠情感支配的，所以要调动员工的积极性，情感投入尤为重要。对员工进行感情投资是零成本激励的重要内容。

2. 成就激励

给员工描绘未来愿景，激发其成就渴望，肯定团队贡献。让员工学习深造，并提供更上一层的机会，总结优秀品质，专属特别奖励等。成就激励不是来源于员工成就需要已经满足了多少，而是来源于人们对满足自己成就需要的期望。即，每个人都期望因工作成果中凝结的个人贡献较多而得到更大的满足，每个人都期望因自己比别人取得更好的工作成就而获得更大的满足，正是这样一种期望，使得员工总想取得更好的工作成就。而且，这种期望越强烈，员工受到的激励就越大。

3. 竞争激励

竞争环境下，不仅能够优胜劣汰，让优秀员工脱颖而出，施展才华，也能潜移默化地推动员工成长，激发"求胜欲"。竞争激励包括公平竞争和设立PK等。竞争激励不是自上而下压过来的，而是竞争对手间相互的强化激励；它不是外部诱因的刺激，而是内心激奋的结果。采取竞争激励要注意控制竞争沿着正确方向发展，保证竞争在公平基础上进行，最后对竞争结果也要做出一定的判断。

4. 角色激励

角色激励即责任激励，就是让个人认识并担起应负的责任，激发其为所扮演的角色献身的精神，并满足其成就感。如果一个人认识不到自己应负的责任，就会放松对自己的要求，角色激励也就失去了作用。因此管理人员的责任就是要帮助员工认识并重视自己的责任。角色激励也是非常有效的激励法，比如对于已经当上妈妈的员工来说，最能激励她们的就是成为孩子的榜样。虽然，一线员工的工作很平凡很普通，但是积极上进，工作认真负责的妈妈就是孩子们心中最美的妈妈，所以，可以在年会上邀请优秀员工的子女一起参加，见证妈妈们被表彰的荣耀时刻，这就是对员工最好的激励。再比如，对于还没当上父母的员工，他们的父母就是员工最惦记的家人，同样，我们奖励员工的奖状、证书，可以直接寄到员工老家，让他们的爸爸妈妈来签收，有很多员工反映说，当奖状证书寄到家里，父母都会很骄傲地放在家里最醒目的地方，来家里串门的左邻右舍都能看得到，邻居们的夸奖让父母特别开心。这样的激励就是最好的角色激励。

5. 目标激励

目标激励就是通过确立工作目标来激励员工。正确而有吸引力的目标，能够激发员工奋发向上、勇往直前的斗志。目标的制定，不可盲目求高、求大，而应考虑其实现的可能性，要使员工通过努力能够实现。只有这样，才能使目标激励真正发挥作用，实现目标激励作用的最大化。管理者通过设置适当的目标，可以有效诱发、导向和激励员工的行为，调动员工的积极性。管理者要规划员工的职业生涯，帮助员工制定目标，每个阶段完成一个小目标，帮助其递进式成长。

以上这些都属于非物质激励的范畴，不少企业已经发现了对员工进行"非物质激励"会产生很好的效果。

通过这些非物质激励能够让员工产生被尊重和被需要的感觉，这样就会在单纯"雇用"关系的基础上，加上了情感，如此才能让员工对组织产生归属感并且能够认同整个组织，把自己当成组织中的一员，产生主人翁意识。

放下"员工没有主动性"的抱怨

企业中常见的现象是员工没有"主动性"，一般出现这种状态的原因有很多，常见的原因是员工的努力得不到认可或奖励，而这就会让他们缺乏动力去主动行动；如果员工缺乏必要的技能或知识，或没有得到足够的支持来应对工作中的挑战，他们可能无法主动行动；如果员工害怕失败或被批评，他们可能不愿意主动行动。总之，在管理者的眼中经常看到员工不积极、不主动。于是会产生不满甚至抱怨，觉得员工属于推一推才转一转的状态。

事实上，管理者要停止"员工没有主动性"的抱怨，因为这种抱怨不仅无助于解决问题，还可能对团队氛围和员工积极性产生负面影响。管理者应该采取积极的态度和方法，激发员工的主动性和创造性，共同推动企业的发展。

首先，管理者应该认识到员工缺乏主动性的原因。可能是员工对工作目标不明确、缺乏激励措施、工作压力过大或者是对工作环境和氛围不满意等原因。针对这些原因，管理者应该采取相应的措施加以解决。

其次，管理者应该给予员工足够的信任和自主权。信任是激发员工主动性的重要基础，管理者应该相信员工的能力和责任心，给予他们足够的自主权和决策权，让他们能够自主地开展工作，发挥自己的创造力和想象力。

同时，管理者还应该建立有效的沟通机制。良好的沟通机制可以帮助管理者更好地了解员工的想法和需求，同时也可以让员工更好地理解管理者的期望和要求。通过有效的沟通，可以解决信息不对称的问题，提高员工的工作积极性和主动性。

想要员工积极主动，管理者应该为员工提供必要的培训和支持。员工缺乏主动性有时是因为缺乏必要的知识和技能，通过培训和支持可以帮助员工提升自己的能力和技能，提高他们的工作自信心和主动性。管理者还应该建立公正、公平的激励机制。激励是激发员工主动性的重要手段之一，通过建立公正、公平的激励机制，可以激发员工的工作热情和动力，提高他们的工作积极性和主动性。

在这个世界上，换位思考，才会多出理解和包容。凡是给别人打过工的人都感觉总有干不完的事，认为老板不近人情；而当有一天角色互换，打工人变成了老板，却都会认为员工处处不积极主动。所以，站在他人的立场上思考，作为管理者需要多考虑下属的利益，多给他们一些支持和鼓励。

想要让员工积极主动，需要回答三个问题。

（1）员工学习和进步的范围，有没有成长的机会？

（2）企业的声誉和为世界创造价值的承诺，企业是否有付出艰辛努力的使命？

（3）企业领导者的行为和价值观，是否值得信赖，员工是否愿意追随？

这些问题不是员工的问题，而是管理的问题。管理者是否决定对员工授权，为他们的优异表现创造空间？管理者是否清晰地表达出引人注目，共同发展的愿景，并使其成为全员的呼声？管理者是否展现出值得赞扬的价值观？如果要提高员工的积极性，首先必须承认，如果员工在工作上不够热心、不够热情、不够积极，不是因为工作本身无趣，而是因为管理者糟糕。

用感情促行动，不是用道理

有个观点认为，如果领导只会讲道理，那么这就说明领导能力有限。道理这个东西，对于一些后进者，主动性差的人是没有用的。反而用情感激励能够比讲道理更加有效。情感是影响人们最直接的行为因素之一，人人都有被情感关怀的需要。按照心理学上的解释，人的情感可分为利他主义情感、享乐主义情感、好胜情感等，这就要求管理者多关心员工的精神需求和心理健康。对于他们产生的工作上的挫折、感情上的波折、家庭上的裂痕等各种问题，都要给予及时疏导和帮助，让他们能够找到心灵的慰藉与归属，如果做到这些自然会激发员工的斗志。

例如，京东采用"情感型"管理和"家庭式"企业文化激励员工，在2017年京东公司特殊拨款3000万元，用于让坚守在工作岗位上的仓储配送员工把家人接到身边共度新年，并在邮件里表示：凡是有孩子的同事，按照每个孩子3000元给予补贴，要求同事们把孩子们接到身边共度佳节。如果个别同事离家太远，费用不够，超出部分，实报实销。离家近的，多余费用不用退还。没有孩子的同事，每人至少多补贴1000元加班费。京东公司十分强调家庭式的情感激励，这对于70%出身于农村的一线员工十分有效，迅速赢得了十万名一线兄弟的满足感和工作热情。京东对一线员工子女教育问题非常重视，通过成立集团幼儿园，解决员工的子女托管问题，在宿迁签约引进了江苏省顶级中学建立分校区，解决员工孩子的教育问题，这样的激励，无疑大大提高了一线员工对公司的归属感和认同感，也会更加放心地在公司努力工作。

再例如，青岛的海景花园酒店服务做得很好，在酒店行业中的口碑不错，缘由是酒店的服务非常贴心和独特，同时他们对员工的关爱也十分到位。

他们海景的服务品牌叫作"亲情一家人"。其内涵就是把客人当亲人、当家人，要求员工像对待家人、亲人一样对待顾客，从情感上贴近顾客，给予无微不至的关照。每个员工都代表顾客，凡事都要站在顾客的角度"替顾客想、帮顾客想、想顾客想"，当好顾客的耳目和代言人。利用一切机会，把服务做得更细，并体现个性化、细微化、亲情化，创造"让客人满意、让客人惊喜、让客人感动"的服务境界。他们的文化有两个方面：一个是对顾客的关爱；另一个是对员工的关爱。酒店特意设置了一个生日房，每天的显示器上会显示当天及未来几天要过生日的员工名字。他们提出："对员工的关心越深，员工对顾客的关爱越亲。"因此，"上级为下级办实事"也成为一个考核指标。海景还专门设置"员工接待日"，每周二上、下午分别 3 个小时，由人力资源总监亲自接待。此外，在海景的员工活动区域，设有健身房、KTV 房、可以上网的阅览室及专门的生日房，在员工生日当天，主管要带头为员工办一个生日聚会。

由此可见，在自尊心、荣誉感、情感需求得到满足的驱动下，职工的潜在能力将得到更大发挥。人都是有感情需要的，作为下属又特别希望从领导那里得到尊重和关爱，这种需求得到满足之后，必然会以更大的努力投入工作。

打造学习型组织

无论个人还是组织，无时无刻不需要成长加速度。成长的加速度在增加，这一点要的是加速度的增长，而不是速度的增长，因为速度的增长往往会让你自以为你的加速度是正的，那是错觉，加速度在大于等于零之前，速度都是在增加的。

无论企业规模大小，持续的学习力等于持续的竞争力，小规模企业尤其如此，组织人员的素养提升离不开学习，学习就是成长加速度。世界在不断变化，技术和商业模式也在不断演进。持续学习使组织能够跟上这些变化，并利用新的机会。通过持续学习，组织可以不断提升其产品、服务质量和业务流程，从而在市场上获得竞争优势。持续学习为员工提供了个人成长的机会，帮助他们获得了新的技能和知识，提高了工作满意度和职业发展。同时，学习是创新的基础。一个持续学习的组织更有可能产生新的想法和解决方案，从而推动业务发展。不学习、不进步的组织很容易陷入衰退。持续学习可以帮助组织保持活力，避免这种情况。学习型组织通常具有更强的团队精神和合作氛围，更高的员工归属感和工作热情。对于长期可持续的发展，持续学习是至关重要的。它确保了组织能够适应未来的挑战，并在不断变化的环境中保持竞争力。

比如，华为是中国的一家全球领先的信息和通信技术解决方案供应商。华为认为学习是保持其竞争优势的关键，因此它投入了大量资源来培养员工的能力，鼓励员工持续学习和发展。华为有一个完善的培训体系，覆盖了从新员工到高级管理人员的各个层次。此外，华为还通过建立"学习文化"，鼓励员工不断学习和创新。

海尔是中国的一家全球领先的家电制造商之一。海尔的学习型组织主要体现在其对持续改进和创新的承诺上。海尔鼓励员工提出新的想法和建议，并通过"人单合一"的管理模式为员工提供自主权和激励。此外，海尔还通过与全球领先企业和大学合作来推动其产品和技术的创新。

所以，学习型的组织特征一定是整个团队在学习，光有领导学习或只有员工学习都是不全面的。这样的组织基础是拥有共同的愿景，最终强调的是"学习 + 激励"，以增强企业的学习力为核心，提高整个组织的群体智商，使员工活出生命的意义。

一个组织中无论是决策层还是管理层以及操作层，都需要学习。作为决策者和领导者更要拥有前瞻的眼光和与时俱进的思维方式，只有这样才能带领全员更好地前行。并且应该养成终身学习的习惯，这样才能形成企业良好的学习气氛，促使全体成员在工作中不断学习。不但要重视个人学习和个人智力的开发，还要强调企业成员的合作学习和群体智力的开发。

构建高效的沟通氛围

大多数管理者都会遇到这样的困境，在和下属沟通时，会面临沟通时长不够、获得的信息量不够、自下而上的沟通不够等问题。从而导致团队的低绩效、低认同。甚至管理者跟员工沟通了好几次，但员工还是没明白为什么要做这件事或者如何做这件事，最后的结果肯定不是管理者要的。

曾听过一个买土豆的故事。老板说："小李，你赶紧去买个土豆回来。"小李跑到菜市场后发愁了："老板是想买一个什么样的土豆呢？用来干吗？个头大小和品种有要求吗？"无奈之下，只能按自己的想法选了一个。结果老板很不高兴："我胳膊肿了，需要用皮薄肉脆的土豆来消炎，你买的皮厚肉沙，怎么用？"小李感到委屈又无语。

作为管理者需要明白，一个完美的工作要求应该把内容讲清楚，让下属充分理解任务的完成标准、执行原则、优先级程度，以及最终要完成的交付成果，以最大限度地减少麻烦和误解。所以，一个组织构建高效的沟通氛围是建立企业良好的人际关系，形成和谐企业的关键。

我们常说："领导是管理者，员工是执行者。"领导在布置任务时，好比一艘航行前进的船上的船长，而员工不过是掌舵人。这艘船究竟要驶向何方，还是要船长来指引方向。要往哪个方向走，怎么走才能躲避暗礁，而高效的沟通就是指引方向。

华为作为全球的通信设备和解决方案供应商，在沟通方面有着独特的策略。他们强调"以结果为导向"的沟通方式，明确目标并注重结果。这种目标导向的沟通方式使得团队能够在复杂的环境中快速做出决策，并有效地解决问题。此外，华为还采用多种沟通工具，如邮件、即时通信、视频会议等，以适应不同场景和需求，提高沟通效率。

字节跳动作为新兴的互联网科技公司，在高效沟通方面也做得非常出色。他们推崇"坦诚清晰"的沟通文化，鼓励员工直接表达自己的想法和意见，避免拐弯抹角或含糊其词。这种坦诚的沟通氛围使得团队能够迅速理解彼此的需求和意图，从而提高了工作效率。同时，字节跳动还注重信息的共享和传播，通过内部平台及时发布重要信息和动态，确保员工能够第一时间了解公司的发展动态和业务变化。

这些企业在构建高效沟通氛围方面都有着成功的实践和经验。他们通过明确沟通原则、采用多种沟通工具、建立坦诚清晰的沟通文化等方式，有效地提高了团队内部的沟通效率和协作能力。这些案例对于其他企业来说具有很高的借鉴意义，可以帮助他们更好地构建高效沟通氛围，提升企业的整体竞争力。

作为领导如何有效与员工进行沟通呢？

1. 让员工对沟通行为及时反馈

沟通中最常见的问题是员工误解了管理者的意图。为了避免这样的问题，管理者可以要求员工及时对沟通的想法进行反馈。例如，当你给员工分配了一项任务或陈述了一个观点后，可以直接问："你明白我的意思了吗？"

2. 采用不同的说话方式

在同一个组织中，员工都有不同的年龄、性格、教育和文化背景，这可能会使他们对同一问题持有不同的观点。此外，由于具体的工作设置，不同的员工有不同的责任领域。管理者需要意识到这种差异，并对每个人采用合适的沟通方式。

3. 认真倾听员工心声

沟通不是一个人的演讲，而是一种双向互动的行为。为了使沟通有效，双方应积极参与沟通。所以，管理者在表达自己的意见时，也应该认真听取员工的意见。

成为有情绪耐力的领导者

情绪耐力是指个体在面对压力、挫折、消极情绪或持续的情绪刺激时，能够有效地应对和管理自己的情绪，避免情绪耗竭或崩溃的能力。情绪耐力是一种心理资源，它可以帮助个体更好地应对生活中的挑战和压力。它涉及个体对自己情绪的认识、调节和表达，以及在面对困难时保持冷静、乐观和积极应对的能力。提高情绪耐力的方法包括学习情绪调节技巧、培养积极心态、增加自我意识和自我认知、建立支持系统、增加社交互动和寻求专业帮助等。提高情绪耐力有助于个人和组织的心理健康和幸福感，同时也有助于提高工作绩效和应对压力的能力。

管理者的情绪耐力是指他们面对工作压力、人际冲突、员工问题等情境时，能够有效地管理自己的情绪，避免情绪耗竭或崩溃，并保持冷静、理智和高效应对的能力。

管理者的情绪耐力对于其工作表现和团队稳定性具有重要影响。当管理者具备较高的情绪耐力时，他们能够更好地应对挑战和压力，并做出明智的决策，且与员工建立良好的关系。同时，管理者的情绪状态往往会影响整个团队的情绪氛围和工作效率。

例如，某公司项目经理在面对项目延期和预算超支的情况时，没有表现出过度焦虑或责备。相反，他保持冷静，与团队成员一起分析问题，找出延误和超支的根本原因。他积极与上级、客户和供应商沟通，寻求支持和解决方案。在整个过程中，他充分展现了情绪耐力，有效应对了压力和挑战，最终成功完成了项目。

这个案例表明，管理者的情绪耐力对于应对困难和挑战具有重要作用。在面对压力时，管理者需要保持冷静、理智，并采取有效的应对策略。通过提高情绪耐力，管理者能够更好地应对工作中的挑战，并带领团队取得更好的业绩。

日本著名管理学家大前研一曾指出，对于企业的管理者而言，情绪管理至关重要，拥有情绪耐力是最根本的领导力。管理者自身善于掌握自我，合理地进行情绪调节，才能不断完善企业内部及自身的心态管理。对于群体而言，领导者的情绪耐力无论是对企业员工还是对市场消费者，如果无法做出完善的情绪管理措施，必然会影响企业的发展和业务的开展。

管理者作为企业内外沟通的主要联系者，他是否善于识别和控制自我及他人的情绪在企业管理中至关重要。在大前研一的理论当中，他将管理者的情绪胜任力作为企业心态管理重要的组成部分。他指出，一个管理者如果拥有高度的管理技能和知识，他在企业的管理当中仍然会不可避免地遭遇失败，而一个具备普通能力和智力的人被提升到管理的位置，却有可能成功。之所以如此，是因为两者的情绪管理能力不同。

为了提高管理者的情绪耐力，以下是一些建议。

（1）了解自己的情绪触发点和应对模式，意识到自己的情绪反应，以便更好地调节和管理情绪。

（2）学习并运用情绪调节技巧，如深呼吸、放松训练、积极思考等，以缓解紧张和负面情绪。

（3）培养积极的心态和思维习惯，学会从挑战中寻找机会，并保持乐观和自信的态度。

（4）与员工保持良好的沟通，及时给予反馈和指导，了解员工的需要和问题，并寻求解决方案。

（5）与其他管理者或专业人士建立合作关系，分享经验和资源，寻求支持和建议。

（6）保持充足的休息、健康的饮食、适度的运动和放松活动，以维护自己的身心健康。

（7）通过参加培训、阅读、实践等方式不断提高自己的技能和能力，以更好的状态应对工作中的挑战。

总之，管理者的情绪耐力对于其工作表现和团队稳定性具有重要影响。通过提高自我认知、掌握情绪调节技巧、培养积极心态、建立良好的沟通与反馈机制、寻求支持、照顾自己以及持续学习和成长，管理者可以提升自己的情绪耐力，以更好的状态应对工作中的挑战。

第5章 组织外部竞争条件设计

竞争对手分析，鼓励创新思维

当你不做计划的时候，你一定会被计划进去。你不去分析竞争对手，就无法做到知己知彼，只有知道市场上谁跟你"抢钱"，才能真正做到防患于未然。

分析竞争对手可以帮助企业了解市场上的竞争态势，从而更好地制定营销策略和战略规划。通过分析竞争对手，企业可以了解市场的整体状况，包括竞争对手的产品、价格、销售渠道等。这些信息可以帮助企业判断市场的需求和趋势，从而调整自己的产品和服务。通过分析竞争对手的优势和劣势，企业可以发现市场上的机会和威胁，从而制定相应的策略来抓住机会或应对威胁。企业可以了解竞争对手的推广方式和品牌建设，从而优化自己的营销策略，提高市场占有率。企业可以预测市场的变化趋势，从而提前做好应对准备。企业可以了解竞争对手的优势和劣势，从而改进自己的产品和服务，提高竞争力。

例如，森林里两个猎人遇到了一只老虎。其中一位马上低下头去系鞋带。另一个人就嘲笑说："系鞋带干什么？你跑不过老虎的！"系鞋带的猎人说："只要我跑得比你快就行！"选择不同的竞争对手就会导致不同的行为和结果：猎人的竞争者不是老虎，而是他的同伴。如果认为自己在同老虎赛跑，那么注定要失败。企业也是如此，内部人才的打造是基础，外部的竞争对手分析也是根本。知道了竞争对手是谁，然后找到"人有我无"的薄弱环节进行创新发展，才能超越竞争对手，立于不败之地。

从竞争对手中，可以看到自己的价值，而从竞争对手那里会更快地学到对自己有用的东西，对方想了很长时间的主意，我们也许只需要学习一下便能够掌握。这就说明了解你的竞争对手，能让自己成长，进而打败竞争对手，这就是所谓的知己知彼，百战不殆。竞争对手分析的前提离不开调研，需要明确"竞争对手是谁"。可口可乐的竞争对手只有百事可乐？恐怕是所有可以喝到消费者肚子里的水。老板电器的竞争对手只有方太？海尔、美的、西门子、博世等都是竞争对手。小米全面对标苹果，但也全面分析华为、三星、OPPO等。所以，界定清楚竞争对手非常重要。那么如何分析竞争对手呢？要重点关注以下几个方面。

1. 确定目标需求

在分析竞争对手的时候，我们的目标需求肯定就是想知道他是如何做起来，他的流量渠道有哪些，订单增长趋势，订单多少，他的时间发展趋势，这些就是我们的一个目标需求。

2. 获取数据

获取数据指的是获取我们所需要完成目标需求的数据。从目标需求中，我们可以知道，要获取的数据有竞争对手的访客数、流量渠道的来源、每天的销量情况，以及他的时间变化趋势。

在获取这些数据的时候，你首先要知道的是从哪里去获取这些数据，这个其实不难，从生意参谋市场行情的商品店铺榜，以及竞争情报分析，基本上都可以获取到我们想要的数据。

3. 问自己一些问题

竞争对手的反应和竞争对手真正的焦点是什么？

竞争对手可能做出什么样的改变？

竞争对手的盲点和错误判断有哪些？

竞争对手对市场行动可能的反应是什么？

4. 竞争对手产品如何定价

同类产品，有的定价亲民如小米，有的高端如苹果，还是无论低端中端高端都有如华为。根据自己的产品和同类产品同质比较的情况下，做到自己的定价参考和依据。

5. 竞争对手的主打产品是什么

无论是做什么类型的产品，都会有一个主打产品来形成爆品。比如肯德基主打的是炸鸡汉堡，赛百味主打三明治，必胜客主打比萨。虽然这些品牌中也有其他产品，比如米饭套餐、意大利面，但这些都不是主打产品，所以，分析竞争对手就要分析具体哪个是对方的主打产品。竞争产品的功能特别多，还是只主打一个功能？是满足所有人，还是只满足一部分人等。

当我们学会了分析竞争对手，就能够快速成长为别人的竞争对手。

市场分析与定位，强化目标导向

市场分析和目标定位是企业在制定营销策略和战略规划中的重要步骤，这可以帮助企业更好地了解市场需求和竞争态势，从而制定更加精准的营销策略和战略规划。

市场分析的主要任务包括分析购买行为、进行市场细分、选择目标市场和实行市场定位。在市场分析中，企业需要了解市场需求和趋势，分析消费者的购买行为和心理，以及研究竞争对手的市场表现和动态。这些信息可以通过市场调研、数据分析、竞品分析等途径获取。

目标定位是指企业在市场中确定自己的定位和目标市场，并制定相应的营销策略和推广活动，以实现企业的长期发展目标。在目标定位中，企业需要考虑自己的产品特点、市场需求、竞争情况等因素，制定适合自己定位的策略。

例如，宜家作为全球知名的家居品牌，其目标定位非常明确，针对的就是为中低收入人群提供物美价廉的家居解决方案。宜家的产品设计和营销策略都是围绕其目标定位展开的。第一，宜家的产品设计和制造注重实用性和性价比，以满足广大中低收入人群的需求。例如，宜家的家具设计常常采用模块化的结构，方便组装和拆卸，同时也方便运输和存储。此外，宜家的产品材质和工艺也常常选用性价比高的方案，使得其产品在价格上具有竞争优势。第二，宜家的营销策略也非常针对其目标市场定位。例如，宜家常常在商场内设置样板间，让消费者能够亲身体验产品效果，从而更好地满足其家居需求。第三，宜家还会定期推出各种促销活动，如打折、赠品等，以吸引消费者的眼球。第四，宜家的市场定位不仅仅局限于家居产品，还包括家居装饰品、家电等相关领域。这种跨领域的市场定位能够更好地满足消费者的整体家居需求，从而进一步巩固宜家的市场地位。总之，宜家的目标市场定位非常成功，其通过明确的市场定位和优秀的产品设计、营销策略，成功地占据了中低收入人群的家居市场。这种成功的市场定位也为宜家的长期发展奠定了坚实的基础。

具体来说，目标市场定位包括以下几个方面。

（1）企业需要选择适合自己的目标市场，并制定相应的营销策略和推广活动，以实现市场占有率和发展目标。在选择目标市场时，企业需要考虑市场的需求、竞争情况、自身优势等因素。

（2）企业需要了解竞争对手的产品、价格、销售渠道等，以及竞争对手的营销策略和品牌形象。这些信息可以通过竞品分析、市场调研等途径获取。

（3）企业需要根据目标市场的需求和竞争情况，制定适合自己的定位策略。定位策略应该突出企业产品的特点和优势，以及符合目标市场的需求和价值观念。

（4）企业需要制定适合自己的市场策略，包括产品定价、分销渠道、促销活动等。这些策略应该与企业的定位策略和市场环境相符合。

（5）企业需要根据市场的变化和竞争情况，持续优化和改进自己的定位策略和市场策略，以保持竞争优势并获得持续发展。

产品与服务创新

为什么要创新？创新是利润的源泉，也是具备竞争力的基础。任何产品与服务和项目都有它的周期，一个产品诞生之后，它的效益就在逐渐递减。如何改变这种周期的宿命？那就是不断创新。

商海沉浮，风云莫测，各个企业都在通过创新寻求发展的一线生机。如今，创新是企业解决商业问题的关键，是企业在竞争"红海"中占领先机的有力武器，更是力挽狂澜、打破"大败局"的钥匙。创新，已刻不容缓！

创新在人类社会中扮演着重要的角色，它涉及许多方面，包括技术、经济、文化等。创新的主要驱动力在于满足人类不断变化和发展的需求。

首先，创新是推动社会进步和经济发展的关键因素。通过创新，人们能够开发出更高效的生产方式、更先进的技术和更优质的产品，从而提高生产效率、降低成本、增强企业竞争力。这对于经济增长和创造就业机会具有重要意义。

其次，创新能够解决社会问题。随着人口增长和资源消耗，人类面临着许多挑战，如环境污染、能源短缺等。通过创新，人们可以开发出更环保的生产方式、更高效的能源利用技术，从而减少对环境的负面影响。同时，创新也可以推动社会公平和公正，解决社会不平等问题。

再次，创新还可以提高人类的生活质量。随着科技的发展，人们的生活方式和工作方式也在不断变化。通过创新，人们可以开发出更智能、更便捷的设备和工具，从而改善生活和工作条件。例如，医疗技术的创新可以帮助人们更好地预防和治疗疾病，提高健康水平。

最后，创新也是推动人类文明发展的重要力量。通过创新，人们可以创造出新的文化、艺术和科学成果，从而推动人类文明不断向前发展。

规模不大的企业，更离不开创新，如果不创新就无法在高手林立的企业和同质化产品的竞争中生存下来。

例如，维宝公司是一家德国的陶瓷企业，它设计并生产了精美的家居用品，如御用餐具、香槟酒杯、陶瓷摆件，还有一些功能性产品，比如洁具。这家有着265年历史的企业能存活至今一直得益于它硕果累累的创新史，它鼓励员工即使在最基础、最古老的产品上，也要不断去挖掘新意。

进行产品与服务的创新需要从多个方面入手，以下是一些建议。

（1）深入了解目标市场的需求和痛点，可以通过市场调研、用户访谈等方式获取一手信息。这些信息将有助于确定产品或服务的创新方向，以满足用户未被满足的需求。

（2）了解竞争对手的产品或服务，分析其优点和不足。这有助于发现潜在的创新机会，或者在竞争对手的基础上进行改进和优化。

（3）创新设计是产品与服务创新的核心。可以采用设计思维、原型设计等方法，将用户需求转化为具体的产品或服务设计。在设计中要注重用户体验、简洁性和易用性，以提高产品的吸引力。

（4）关注新兴技术的发展，尝试将其应用于产品或服务的创新中。例如，人工智能、物联网、区块链等技术可以为产品或服务带来新的功能和体验。

（5）在产品或服务的创新过程中，需注重优化业务流程。这包括提高生产效率、降低成本、优化供应链管理等。通过改进业务流程，可以提高产品或服务的竞争力。

（6）在产品或服务上市前，要进行充分的测试以确保其质量和稳定性。同时，建立用户反馈机制，及时收集用户的意见和建议，以便对产品或服务进行持续改进。

（7）鼓励企业内部形成创新的文化氛围。可以通过举办创新活动、设立创新奖励等方式，激发员工的创新热情和创造力。

（8）与其他企业或机构建立合作关系，共同进行产品或服务的创新。通过资源共享和优势互补，可以提高创新效率和成功率。

供应链管理，实现组织目标

任何一个企业或品牌想要降本增效，既要在供应链上下功夫，又要兼顾采购模式。只有优化供应链，采用集中采购的模式，才能真正起到降低成本、提升效率的作用。

供应链优化是指通过采用系统化、科学化的方法来优化供应链管理，以提高企业的运营效率并降低成本。这种优化过程包括对供应链中的各个环节进行分析、设计、规划、控制和协调，以实现供应链的高效运转和资源的最大化利用。

供应链优化可以从多个方面入手，例如采购、库存、物流、销售等。在采购方面，可以通过集中采购、与供应商建立长期合作关系、实施供应商评估和选择等措施来降低采购成本、提高产品质量和稳定性。在库存方面，可以通过实施库存管理、采用先进的库存控制方法、建立有效的库存预警机制等措施来优化库存结构、降低库存成本和风险。在物流方面，可以通过优化运输方式、规划物流路线、实施物流信息化等措施来提高物流效率、降低运输成本和时间成本。在销售方面，可以通过实施销售策略、开展促销活动、加强客户关系管理等措施来提高销售业绩和市场占有率。

目前，企业的竞争不是单纯的产品和服务的竞争，而是供应链之间的竞争。从供应商到客户，都是企业供应链中的节点，只有以开放、共赢、合作的思维追求整个系统的优化，才能以供应链的整体优势参与市场竞争。

供应链管理的目标是在满足客户需要的前提下，从供货商、制造商、分销商到消费者的各个环节进行综合管理，例如从采购、物料管理、生产、配送、营销到消费者的整个供应链的货物流、信息流和资金流，把物流与库存成本降到最小。

供应链管理是一种重要的管理方式，其目标是实现组织的目标和战略。以下是一些关于如何通过供应链管理实现组织目标的建议。

（1）要明确组织的目标和战略，以确保供应链管理活动与组织的目标保持一致。这有助于确保供应链管理的决策和行动都是为了实现组织的目标。

（2）建立有效的供应链网络是实现组织目标的关键。要优化网络设计，确保供应链的各个环节能够高效地运作，并最大限度满足客户需求。

（3）供应商是供应链的重要组成部分，因此强化供应商管理至关重要。要选择合适的供应商，与其建立长期、稳定的合作关系，确保供应商能够提供高质量、低成本的产品和服务。

（4）物流管理是供应链管理的重要组成部分。要优化物流运作，确保产品能够快速、准确地送达客户手中。这包括合理安排运输、仓储和配送等环节，降低物流成本，提高物流效率。

（5）通过收集和分析供应链数据，了解供应链的运作情况和存在的问题。在此基础上，持续改进供应链管理，提高供应链的可靠性和效率。

（6）供应链管理需要专业的人才来实施。要培养和引进具备供应链管理知识和技能的人才，为组织的供应链管理提供有力支持。

（7）建立有效的信息系统是实现供应链管理的重要手段。通过信息系统，可以实现信息的实时共享、传递和分析，提高供应链管理的效率和准确性。

注重品牌差异化营销与推广

注重品牌建设与推广是实现组织目标的重要手段之一。通过品牌差异化营销与推广，可以提高组织的知名度和美誉度，提升消费者对组织的认同感和忠诚度，从而提升组织的竞争力和市场地位。

目前消费者的选择太多，产品同质化现象严重。产品的种类繁多还不至于让用户感到迷惑，最大的问题是产品没有区别。

A啤酒说它的啤酒好喝，B啤酒也说自己的好喝，C啤酒说自己的更好喝，于是客户就头晕了，不知道选哪个才好，感觉选择太多了。最后，客户选择了最便宜的那一种啤酒。这就是产品同质化带来的问题。当产品都一样时，客户进行选择的唯一依据就只有价格，客户会选择价格最低的那一个。为了生存，各企业只有拼命降价，于是企业就这样被拖入了价格战。价格战，刀刀见"血"，打到最后，企业陷入了困境：提价没人买，降价没钱赚。利润十分微薄，外部环境一旦发生改变，企业就只能在亏本经营和无人问津之间作痛苦的选择。

品类营销是指将品牌所有的商品进行分类管理，用商品与用户进行沟通，利用品牌资源进行短期场景包装中长期商品策略规划，高效触达用户购买链路中的核心场景，提高商品成交转化，给企业带来业绩增长及品牌形象的提升。

九阳开创豆浆机品类，用10年把豆浆机品类做到了30亿元。格力坚持只做空调品类，把自己打造成了世界级大企业。格兰仕专注微波炉品类，成为世界级微波炉品类的领军企业。加多宝开创凉茶品类，并将自己打造成凉茶品类的第一品牌。这些都是品牌奠定下的地位。

品牌差异化定位的关键在于找到与竞争对手不同的特点和优势，并将其转化为品牌形象和市场营销策略。这些特点可以是产品的功能、质量、设计、价格等方面，也可以是企业的文化、价值观、服务理念等方面。通过差异化定位，企业可以在消费者心中建立独特的品牌形象和认知，从而提高品牌的价值和影响力。

品牌差异化定位需要企业进行深入的市场调研和分析，了解消费者的需求和偏好，掌握竞争对手的优势和劣势，找到自己的定位点和市场机会。同时，企业需要制订具体的品牌策略和营销计划，包括品牌定位、品牌形象设计、产品开发、渠道建设、促销活动等方面，以实现品牌差异化定位的目标。品牌差异化营销是指企业通过在产品、服务、形象、文化等方面与竞争对手形成差异化，从而在市场中获得竞争优势的一种营销策略。品牌差异化营销的目的是让消费者在众多竞争品牌中选择自己的品牌，从而提高品牌的知名度和市场份额。

创新营销思维，吸引和留住客户

营销离不开产品，籍籍无名的产品很难被人认可。产品不能没有品牌，品牌不能没有文化。缺乏文化的产品是不具有品牌生命、灵魂和气质的。正如占领人们心智的品牌，如苹果、星巴克、茅台、五粮液等，它们都将永恒的文化注入了产品之中，展现了产品的"文化背景资源优势"，这才使这些产品登上了世界名牌产品的殿堂。营销不是仅仅把普通的产品卖出去，而是借助创新营销思维吸引并持续留住客户。在当今竞争激烈的市场环境中，企业需要采取创新的营销策略，以满足客户需求并保持客户忠诚度。

例如莱尔市场"割爱"策略：莱尔市场是一个专售新产品的市场。有些新产品很畅销，许多顾客抢着购买。莱尔市场的"割爱"策略是，不再进货，让顾客只能买完为止。这种策略虽然看似"亏本"，但实际上通过引起顾客的抢购和好奇心，吸引了大量客户，提高了销售额。

创意药局的"80元售卖策略"：松本清经营的创意药局采用了一种创新的销售策略，将原本售价200元的膏药以80元的价格出售。由于价格极低，膏药很快被抢购一空。这种销售策略虽然看似亏损，但通过大量的销售和广告效应，使得创意药局在市场上获得了极高的知名度，吸引了大量顾客。

腾讯科学WE大会的立体视差滑动技术：腾讯科学WE大会采用了一种创新的展示技术——立体视差滑动。这种技术通过点击展现动图，然后出现立体视差滑动画面，一帧帧震撼的画面让天文爱好者身临其境地探索未知奥秘，成功地吸引了大量粉丝流量。

GQ实验室的互动样式：GQ实验室利用互动样式，如自动层层展开的方式，吸引了大量用户。这些创意新颖的互动样式激发了用户的好奇心，并引发了大量转发和分享，进一步增加了粉丝数量。

这些案例表明，创新营销思维可以通过各种方式吸引和留住客户，包括独特的销售策略、技术创新的展示方式、互动模式等。通过创新的方式满足客户需求，提供更好的客户体验，企业可以在竞争激烈的市场中脱颖而出。

总之，在消费者认知水平越来越高的情况下，商家需要不断创新营销思维。

与其他组织建立合作联盟

企业与其他组织建立合作联盟是一种重要的战略举措，这可以为企业带来多方面的利益。合作联盟可以使得企业与合作伙伴共享资源，包括技术、人才、设备、资金等。通过资源共享，企业可以提高自身的竞争力，降低成本和风险。通过与地域性或行业性的合作伙伴建立联盟，企业可以快速进入新的市场，提高市场占有率和销售额。或者通过与专业机构或高校等合作伙伴的联合研发，企业可以获得新的技术、专利和知识产权，提升自身的技术实力和创新能力。通过与知名品牌或机构的合作，企业可以获得更多的曝光机会，提高自身的品牌价值和影响力。

与其他组织建立合作联盟属于"跨界"式的营销，跨界营销可以通过两个品牌间的相互融合，为品牌带来"1+1>2"的营销效果，无论是品牌方还是平台方，都在跨界营销方面做着积极尝试。

这几年跨界联名越来越火，各大品牌都在尝试跨界，并且出现了让消费者耳目一新的组合。品牌企业一直尝试在不同领域颠覆年青一代心中对品牌的固有印象，为了吸引年轻消费者，品牌在跨界营销上不断进行大胆创新，不同组织之间成为合作联盟的也比比皆是，这让消费者看到了品牌的多面性，也赋予了品牌创新营销的可能性。

例如喜茶和藤原浩跨界，双方以闪电黑色为核心元素，推出了藤原浩特别款黑色特调饮品"酷黑莓桑"、联名包材、随行杯以及艺术杯等限量周边，并同时在多个城市推出跨界"黑TEA"主题店，合作演绎黑色灵感，为潮流艺术爱好者带来了一次集合街头潮流文化与当代茶文化的绝佳体验。再例如瑞幸咖啡和椰树品牌跨界，推出"椰云拿铁"，上市头天就卖出66万杯，联名当天，两大品牌的微信指数暴涨1200%和4000%，关注度得到了迅猛的增长。无论是同仁堂药店卖"枸杞拿铁""罗汉果美式""益母草玫瑰拿铁"，还是茅台联合蒙牛推出"茅台冰淇淋"，泸州老窖卖香水等，这样的跨界比比皆是。

当然，实现与其他组织建立合作联盟需要具备两个条件：一个是具有共性的目标消费者，另一个是品牌特质的一致性。品牌的角色感可以把品牌消费群体对文化、利益等方面的追求进行统一整合，从而产生聚合效应。可以说，跨界是一种将人类的共同情感价值链接到品牌上的有效模式，它将催化出更大的市场空间。

随着数字经济的发展，元宇宙和虚拟技术的不断升级，未来新的营销手段，离不开跨界，更离不开虚实融合，未来的跨界既可以是品牌与品牌之间的跨界，也可能是虚拟空间与实体空间的跨界，还是数字经济和实体经济的组合。打造品牌虚拟空间，触达更多的年轻用户，提高用户的参与度、沉浸感、体验感，将是品牌营销发展的趋势。

第6章　组织内部合作因素设计

重视领导者个人人格影响力

领导不应只做企业领袖，更要处处为员工树立榜样，要重视个人人格影响力，并以身作则，这不仅能为企业带来巨大的经济效益，而且还是企业培养敬业精神的有效手段。在《论语·子路篇》中有言"其身正不令而行，其身不正虽令不从"。意思是当领导者自身端正做出表率时，不用下命令，下属也会跟着行动起来；相反，如果领导者自身不端正，那么，纵然三令五申，被管理者也不会服从的。

在实际工作中，很多管理者为了达到管人的目的，总是费尽心思制定出若干规章制度，要求员工去遵守，自己却游离于这些制度之外。如果领导者能够率先示范，能以身作则地努力工作，严格遵守自己制定的各种规章制度，那么这种以身作则的精神就会感染其下属，从而在团队里形成一种积极向上的态度，并形成良好的工作氛围。

重视领导者个人人格影响力是促进组织内部合作的一个重要因素。

领导者的人格影响力是指领导者通过自身的人格特质和行为表现，影响和改变他人心理和行为的能力。通过诚实、公正和透明的行为，领导者可以赢得成员的信任和尊重，从而更好地推动合作和协同工作。领导者需要展现出自信和决心，让成员相信他们能够带领团队实现目标。自信和决心可以激发成员的信心和动力，提高团队的凝聚力和战斗力。领导者需要倾听成员的意见和建议，尊重他们的观点和想法。通过倾听和尊重，领导者可以建立起一种开放、包容的文化氛围，促进成员之间的交流和合作。通过自身的行为表现，领导者可以传递出积极的价值观、工作态度和合作精神，激励成员为实现共同的目标而努力。通过建立良好的人际关系，领导者可以更好地了解成员的需求和期望，协调团队内部的关系，促进团队的合作和发展。通过设立明确的目标、提供反馈和认可、鼓励创新和尝试等方式，领导者可以帮助成员实现自我价值，提高团队的绩效。

以上这些都是领导者个人人格影响力带给组织内部合作的有利因素。

领导力说得直白些就是一种影响力，或叫作对人们施加影响的艺术过程，它要人们能心甘情愿地为实现群体或组织的目标而努力。领导力的实现有三个阶段，分别是强制性服从、内化和个人认同。

所谓强制性服从，是指领导者通过实现一种奖励或者惩罚的手段来达到对被领导者影响的目的。内化是指被领导者不是屈从于领导者的强制性命令，而是在内心也认同领导者的想法或者价值观，是由内而外地愿意服从领导者的命令。个人认同则是在内化的基础上进一步积极与领导者"保持一致"，是一种更高程度的"内化"，心悦诚服地接受领导者指挥和领导。至此，领导者的领导力将发挥出最高效力。

从上面的论述中，可以知道要想使领导力发挥出最大的效力，就要想方设法增强自身非权力性影响力。

在中国，有许多具有个人人格影响力的企业家，他们的领导力、商业智慧和人格魅力赢得了广泛的赞誉。以下是一些具有显著个人人格影响力的中国企业家。

福耀集团曹德旺拥有坚定的信念和执着的追求。曹德旺始终坚守自己的信仰和原则，致力于将福耀玻璃集团打造成为全球领先的汽车玻璃供应商。他的坚韧不拔和持之以恒的精神，使他在面对困难和挑战时能够保持冷静和坚定，带领团队不断前行。他深知企业家的社会责任，积极投身公益事业，为社会的和谐与发展贡献自己的力量。他热心教育、扶贫等慈善事业，用实际行动践行"达则兼济天下"的理念。他善于倾听他人的意见和建议，尊重不同的观点和看法，能够容纳不同的声音。这种开放包容的态度，使得他在企业管理中能够集思广益，充分发挥团队的智慧和创造力。他始终坚持诚信经营，注重企业的声誉和形象，这赢得了客户和合作伙伴的信任和尊重。他的正直品质也让他在面对问题时能够更公正、客观地处理，而这就赢得了员工的敬佩和拥戴。

华为创始人任正非以其坚定的决心、前瞻的视野和务实的作风，引领华为成为全球通信行业的领导者。他强调"以客户为中心，以奋斗者为本"的企业理念，提倡团队合作和持续创新，赢得了员工和社会的广泛尊重。

腾讯公司董事会主席兼首席执行官马化腾，以其敏锐的商业洞察力和稳健的经营策略，带领腾讯在互联网领域取得了巨大的成功。他注重用户体验和产品创新，致力于为社会创造更多价值。

字节跳动创始人张一鸣，以其创新的思维方式和高效的执行力，推动了字节跳动在短视频、社交媒体等领域的快速发展。他强调"延迟满足感"和"保持学习"等个人理念，为员工和社会树立了积极向上的榜样。

这些企业家不仅在企业经营方面取得了卓越成就，更以其独特的人格魅力和领导力影响了无数人。他们的成功经验和人生智慧对于广大创业者、企业家和职场人士都具有重要的启示和借鉴意义。

建立公平的绩效评估体系

绩效评估体系是指一套用于衡量和评估组织、团队或个人工作表现和成果的方法和工具。它是管理者用来监控和改善绩效的重要工具，旨在确保目标的实现和提高工作效率。一个有效的绩效评估体系能够促进员工发展、增加组织的竞争力，并提供公正和透明的反馈。绩效评估体系通常包括评估方法、评估标准和权重等方面，旨在评估员工或部门的工作表现和业绩水平，以便为绩效管理提供数据支持。绩效评估体系是绩效管理的一部分，是绩效管理的数据支持和依据，而绩效管理是对员工或部门的工作表现和业绩水平进行管理和激励的一种方式。

绩效考核也被称为绩效管理，是指通过目标共识、责任明确、素质提升等多种方式，来确保个人的行为、活动、工作产出与组织的期望和目标保持一致的管理过程。

绩效管理的全过程中包括绩效目标确认、绩效管理方法确定、绩效辅导、绩效考核、绩效面谈、绩效复盘。整个绩效管理的所有动作都是为了更好地实现组织目标，所以对于绩效管理的清晰认知，是所有管理者，包括企业高管和CEO都需要必须掌握的能力。

发明绩效，对绩效进行管理并不是为了考核，而是为了更好地实现企业目标，更合理地做好价值评价和价值分配。绩效中的"绩"不仅仅指"业绩"，更是指"企业目标成果"，其中财务目标只是一部分，战略、组织、人才发展等目标同样需要衡量。对于企业的成熟业务，关键绩效指标可以通过"结果型"指标，如利润等为主；对于成长业务，绩效更关注增量和效率；对于创新业务，看的是行为过程和关键节点的达成。

那么，如何将绩效管理落到实处呢？

1. 签订绩效契约

签订绩效契约是团队绩效管理循环的重要环节，做好这个环节的工作对团队绩效管理的成功具有非常重要的意义。在签订绩效契约之前要让参与考核的人员充分发表自己的意见和建议，并参与整个绩效计划的制订。并且要让参与者公开表态做出正式承诺。绩效契约一般包括年度项目、以年为时限的目标责任、关键绩效指标和非权重指标。

2. 分析环境资源

管理者要分析外部环境和内部条件的变化，及时协调内部资源，给予参加绩效考核部门团队足够的支持，以保证目标的达成。如果由于内部条件、外部环境变化导致目标实现难度增大，应及时进行目标资源匹配分析，对有关责任团队及时增加人、财、物等资源的支持；若由于内部条件、外部环境变化导致已定绩效目标过高或过低，那么就要根据实际情况，实事求是地对原目标进行调整，制定新的目标。

3. 绩效评估

绩效评估包括目标责任考核及阶段性关键业绩考核两个方面。目标责任的周期较长，一般以年为周期。而阶段性的关键业绩则可以随时监控目标完成情况，及时发现存在的问题及隐患，避免重大损失的发生。

4. 绩效结果应用

根据阶段性绩效考核结果发放员工绩效工资，实现过程激励约束；根据目标责任实现情况，对有关人员进行奖惩。

打造横向球队型团队，而非纵向金字塔

打造横向球队型团队，而非纵向金字塔，意味着在组织中要建立起一种更加扁平化、协作性强、自主性的工作模式，而非传统的层级分明、命令和控制为主的结构。这种转变有助于提高团队的创新力、响应速度和灵活性。

大部分组织和团队的类型是典型的自上而下的科层制金字塔组织，各个部门职责分工明确。随着发展和管理意识的提升，虽然也有不少组织仍是自上而下的金字塔结构，但在组织内部的项目协作却非常充分，可以任意组织和调配资源，很多互联网公司都是这样的形态。当然，也有完全去中心化的网状结构模式，这种更像一个主帅带领的球队。

球队组织的特点。

1. 强调球员在球场上根据实际情况随时应变调整

整场比赛的策略，在赛前制定好后，现场的形势变化，就要求球员快速做出反应。

2. 强调个体的价值和差异

正是因为每个人都不同，能力互补，各司前锋、中场、后卫，才能组织成一支完整队伍。在这样的团队中，很容易诞生明星球星，明星是观众瞩目的焦点，更是整个球队的灵魂人物。对于一个明星球员，在为某支球队效力的过程中，要展现和提升自己的实力，这样的实力并不全来自教练，将来到别的球队效力，依然会保持个人的身价资本和实力。

3. 强调弹性和对外部环境的快速响应

球员在瞬息万变的情况下，抓住一个机会就能够改变整个局势，甚至能给教练和整个团队惊喜。

对于需要规模化、标准化的组织，就需要金字塔这样的科层式结构，对于行业变化比较快的领域，可能球队型的团队结构就会更加合适。因为行业和用户需求变化很快，对于外界的快速响应已经超越效率成为新的核心竞争力。如果是金字塔模式，层层传导，一定会导致响应不及时。

所以，团队应该是一支球队，大家聚在一起是为了进步，为了赢得最终的胜利。只有这样做才能将团队打造成一支无坚不摧的铁军。

球队建队的时候并不是要求每个人都是明星，四巨头、五巨头的团队反而不容易成功。好的球队需要一个灵魂指挥官，一个领袖担当，主力永远就那么一两个，每个角色都有自己的特色，并且在关键时候能发挥自己的优势，有擅于防守的，有擅于进攻的。

球队里的每场球每个球员都有及时的数据反馈，团队里每个人的效率如何，成绩如何，在每次大的比赛中都能反馈出成绩和成果。每个人及时知道这场球打得好不好，有没有什么改进的地方，下次需要注意什么，才能确保大家每场球都是围绕赢球的目标去奋斗和前进。比如"伟大球员乔丹的故事"，乔丹说："我的目标是成为史上最伟大的球员。"老板说："很好，我捧你，你至少给我得两个总冠军，我让你成为史上最伟大的球员。"

所以当组织中每一个人都把自己的目标和企业的目标统一在一块的时候，你会发现你的工作非常愉快。没有人能够靠拿企业的工资发财，你们一定是通过自己的增值发财，你们工作的这个地方变得越来越好，你才能够发财，把这个关系想明白，你才知道你更应该重视的是什么，这个就叫作联盟关系。

如果我们把企业是比作一个球队的话，我们要想让自己升值，就要让球队多赢球，这时候你发现，你拥有好的员工会感到欣慰，你想开除员工也理直气壮，因为它影响了球队赢球，球队赢不了球是对你们大家的损失，这样才能理直气壮！

领导要具备指道、扛事、买单的能力

领导具备指道、扛事、买单的能力是非常重要的，这些能力可以帮助领导更好地引领团队和实现组织目标。

1. 指道的能力

指道的能力是指领导要具备前瞻性和洞察力，要能够为团队指明方向和道路，帮助团队成员明确目标和实现路径。一个好的领导应该能够为团队提供清晰的指导和战略规划，并帮助团队成员更好地理解工作任务和要求，从而更好地实现个人和团队的目标。用通俗易懂的话来讲，作为领导要给大家一个方向感，领导往那儿一坐，就能够告诉大家未来在哪儿、我们要去哪儿，这样大家才能心明眼亮，并且信服，愿意跟着你走，这就是给大家指明方向，让大家心里有底。

2. 扛事的能力

也就是领导要具备承担责任和解决问题的能力，也就是要有强大的执行力。作为领导，应该能够在团队遇到困难和挑战时挺身而出，为团队解决问题和承担责任。领导还应该具备解决问题的能力，能够为团队提供解决方案和方法，帮助团队克服困难和挑战。领导者的执行力是组织在实现目标过程中，贯彻战略意图、完成预定目标的操作能力和实践能力。它是领导者素质的核心，也是实现组织目标的重要保证。领导者需要将战略转化为具体的工作计划和行动步骤，确保团队成员明确自己的工作任务和要求。在执行过程中，领导者需要跟进工作进展，及时发现和解决问题，确保工作按照计划顺利进行。同时，领导者还需要建立有效的沟通机制，及时反馈工作进展情况，激发团队的工作热情和创造力，推动团队不断超越自我，实现更好的业绩。

执行力不仅仅是一种能力，更是一种工作态度和思维方式。领导者需要在工作中注重细节，做到精益求精，追求卓越。同时，领导者还需要树立正确的工作观念，始终保持高度的责任心和使命感，以身作则，带领团队不断前进。领导者需要不断学习和掌握新的知识和技能，提高自己的执行力和领导力。同时，领导者还需要注重反思和总结经验教训，不断完善自己的工作方法和领导风格，以更好地适应不断变化的环境和市场。

3. 要买单

买单意味着承担责任。万一企业经营失败了，领导要兜底，企业经营顺畅的情况下，领导要具备奖励和激励团队的能力。一个好的领导应该能够为团队的成就和付出提供适当的奖励和激励，从而激发团队成员的积极性和创造力。领导还应该了解如何激发团队成员的潜力，帮助他们发挥自己的优势和才能，从而更好地实现个人和团队的目标。

作为领导，负责任是非常重要的品质之一。领导需要对自己的决策和行为负责，同时也需要对团队和组织的整体利益负责。领导的决策和行为往往会对团队和组织产生深远的影响。因此，领导需要认真思考和评估自己的决策和行为，确保它们是基于正确的价值观和原则，并且是为了实现更好的结果。同时，领导还需要对自己的错误和失误负责，勇于承认和改正自己的错误，避免对团队和组织造成负面影响。领导是团队和组织的引领者和代表者，需要始终以团队和组织的整体利益为重，并维护团队和组织的形象和声誉。在决策和行为时，领导需要考虑到团队和组织的整体利益，避免为了个人利益而损害团队或组织的利益。同时，领导还需要关注团队或组织的长期发展，制定战略规划和长远目标，推动团队或组织的可持续发展。责任文化是一种强调责任、担当和诚信的组织文化。在团队和组织中，领导需要积极倡导和践行责任文化，让每个成员都明白自己的职责和使命，鼓励他们勇于承担责任，共同为实现团队和组织的目标而努力。同时，领导还需要建立有效的监督和考核机制，确保每个成员都能够履行自己的职责，维护团队和组织的整体利益。

总之，指道、扛事、买单是当领导必须做好的三件事，没有这样的决心很难当一个合格的领导。一旦具备了给人方向、担当能力和牺牲精神，立马就会聚拢一帮愿意追随的下属，并打造出更加团结一致的组织。

设定明确的目标与奖励机制

想让马儿跑得快，就得让马儿多吃草。同样的道理，一个组织希望内部成员积极主动并形成凝聚力，离不开激励。所以，设定明确的目标与奖励机制是促进组织内部合作的重要因素。

设定明确的目标与建立奖励机制是领导在管理工作中非常重要的两

个环节。

首先，设定明确的目标是领导工作的重要一环。一个明确的目标可以为团队指明方向，使每个团队成员都知道自己要努力的方向。这有助于团队成员更好地理解工作的要求和期望，从而提高工作效率和质量。同时，一个明确的目标也可以作为团队工作成果的衡量标准，帮助领导评估团队的工作进展和成果。为了设定明确的目标，领导需要与团队成员进行充分的沟通和讨论，了解他们的需求和期望，确保目标既具有挑战性又具有可行性。此外，领导还需要确保目标具有明确的衡量标准和完成时间，以便团队成员能够按照计划有序地进行工作。

其次，建立奖励机制是激励团队成员积极投入工作的重要手段。通过奖励机制，领导可以认可和鼓励团队成员在工作中的优秀表现和成果，激发他们的工作热情和创造力。这不仅可以提高团队成员的工作满意度和忠诚度，还可以促进团队整体绩效的提升。在建立奖励机制时，领导需要考虑奖励的形式和标准。奖励的形式可以包括物质奖励、精神奖励等，而标准则可以根据团队成员的工作表现、工作成果等方面进行设定。同时，领导还需要确保奖励机制的公平性和透明性，避免出现不公和不透明，影响团队成员的工作积极性和创造力的情况。

在薪酬激励方面虽然有常见的固定板块和模式，比如基本工资、浮动工资、奖金、福利等，但不同的企业也可以根据自己的需要巧妙设置奖励名目进行员工激励。在第二次世界大战期间，美国陆军航空队大队长发现，由于保养不良损失的飞机竟和敌人所造成的损失相等。于是对保养维护飞机的员工进行了奖励，他举行颁奖典礼，拍照片，并送回受奖人家乡的报纸上去刊载，还写特别推荐信和发公报。这些奖品本身并不需要花太高的成本，但带来的激励效果却意义非凡。这位大队长很快就拥有了杰出的飞机保养维护纪录。

不少企业属于中小企业，没有太多的钱对员工进行金钱激励，但也不妨碍他们有效行使激励。比如，华为成立之初也是一家小企业，发现交换机生意比较好做，但现有的工程师无法做出与市场匹配的产品。于是，华为开始大力招人，怎么能吸引到优秀的人才呢？离不开激励手段。为了挖到能够带华为走向研发之路的高级工程师，华为采用了多种激励手段。第一是愿景激励，首先任正非对这个优秀工程师说，希望和他一起做件事，让中国的产品能够代替别的国家的产品，打造我们自己的民族品牌。第二是成长激励，任正非对工程师说，只要你来我们公司，我直接任命你做我们的总工程师。第三是工作奖励，给了工程师当时深圳的最高的工资标准，但是在发放的时候，只发给工程师一半的工资，剩下的钱年底赚了钱再给，赚不了钱就给写欠条计利息，等有了钱数倍奉还。第四是氛围激励，华为企业中没有官僚主义和部门墙，没有大企业病，只有扁平式的氛围和奋斗者精神的团队，让工程师在工作中感受到了轻松和愉快。

以上这四种激励虽然都和企业的业绩挂钩，却又不是完全建立在钱的基础上，这就是一种个性化的激励手段。

某芯片公司，成立才一年多就以领先的技术成为行业的翘楚。创始人是斯坦福的博士，从硅谷回到国内，带领年轻的高科技人才创业打拼，为了给高技术人才创造更好的条件，人力资源部的同事从个人到子女，从工作到生活给予了全方位的服务。包括设计公司的未来人才发展规划，建立人才库，即使没有入职公司，也会保持联络；安排人才公寓，帮助员工子女找学校，面试的员工到楼下迎接等。虽然现在条件有限，公司并没有食堂，但是给员工自助选餐的菜单，尽量让天南地北的员工都能吃到可口的饭菜；对于各部门提出的招聘需求，当天即启动；对于后勤的需求，3天内给出解决方案。IT中心更是做到了主动服务，技术工程师不再只是救火队员，而是主动询问同事电脑的使用状况，主动为其电脑升级；在不增加公司成本的情况下，重新进行资源分配，同事的需求，30分钟内响应，半个工作日内解决。

在当下以人才为核心竞争力的经济环境中，企业必须通过创新、变革、多样化、个性化等激励方式，根据个人情况制订个性化福利方案，这可以更好地满足员工的个性化需求，提高员工的工作满意度和忠诚度，从而产生真正的激励作用。

提供多元化的职业发展路径

提供多元化的职业发展路径是领导在管理工作中的重要任务之一。一个多元化的职业发展路径可以为团队成员提供更多的发展机会和空间，帮助他们实现个人职业规划和目标。

1. 领导需要了解团队成员的不同职业需求和期望

每个人都有自己的职业规划和目标，希望在不同的领域和岗位上发展自己的才华。因此，领导需要与团队成员进行充分的沟通和了解，掌握他们的职业需求和期望，以便为他们提供更适合的发展机会和空间。

2. 领导需要建立多元化的职业发展路径

这包括提供内部培训、外部培训、轮岗机会、晋升机会等多种发展路径，让团队成员可以根据自己的兴趣、能力和职业规划选择适合自己的发展路径。同时，领导还需要根据团队成员的不同特点和需求，制订个性化的职业发展计划，帮助他们更好地实现个人职业规划和目标。

3. 领导还需要建立有效的激励机制，鼓励团队成员积极寻求职业发展机会

这包括提供丰厚的奖励、晋升机会等，让团队成员感受到自己的职业发展得到了认可和重视。同时，领导还需要建立公正、透明的职业发展机制，确保每个团队成员都有平等的机会获得职业发展的资源和支持。

企业为员工规划职业发展路径，至少有两种发展通道：一是管理通道，二是专业通道。管理通道是指员工沿着管理路径进行职业发展，比如员工沿着"专员→主管→经理→总监→总经理"的发展方向发展。专业通道是员工沿着专业路径进行职业发展，比如技术人员沿着"技术员→工程师→高级工程师→首席专家"的发展方向发展。

例如，海底捞的员工为什么对待简单的工作都那么积极呢？背后的原因就是晋升激励。海底捞对于每个员工都要进行轮岗实习，从厨房里到厅堂，把每个员工都往储备干部方向培养。海底捞开设的企业大学课堂有很多课程，员工都可以去那里学习海底捞的管理方法。成长快的员工还会被送到其他业绩好的餐厅学习，或者委派到海底捞的新店去协助

开店，还有机会成为海底捞内部的培训老师。

企业要帮助员工成长，员工在成长的过程中，他会对企业更了解，对领导更有情感，对企业的流程也会更清晰。通过这个过程，员工就更有成就感和归属感，也更愿意加入到团队中来。企业管理者要真正想明白：有的员工是为了梦想来到这个企业，但大部分人就是为了赚钱。在今天这个竞争激烈的社会，我们反过来帮助员工成长，企业反而会得到意外的红利。

第三部分

大规模企业领导力设计核心

第7章　人性分析设计路径

领导力、权力和控制的关系转变

领导力、权力和控制之间存在着密切的关系，但随着时代的发展和组织形态的变化，这三者之间的关系也在不断转变。

传统上，领导力和权力经常被视为等同或密切相关的概念。领导者通常拥有一定程度的权威和决策权，能够对团队或组织施加影响力，实现特定的目标。控制作为领导力的手段之一，通常指的是领导者对团队成员的监督和管理，以确保他们按照预定的计划和要求执行任务。

曾几何时，权力可能代表着办公桌的大小或会议室的座位位置，但现在，随着越来越多的人选择远程办公和数字化工作流程，领导力、权力以及控制之间正在发生变化。

现代组织中，越来越多的领导者倾向于采用参与式、授权式和自主式的领导风格，强调团队合作、共同决策和自我管理。这种转变反映了领导力逐渐从单纯依靠权力向更多地依赖影响力、激励和指导转变。

在这种背景下，权力和控制不再是领导力的唯一来源或主要手段。相反，领导者更多地依赖于自身的影响力、沟通能力和人际关系能力来激励团队成员，促进他们的成长和发展。领导者通过建立信任、促进沟通和提供支持来激发团队成员的积极性和创造力，实现共同的目标。

同时，控制也从传统的监督和惩罚手段转变为更加关注结果导向的目标管理和自我约束。领导者通过明确期望和要求，建立清晰的衡量标准，以及提供必要的资源和支持来帮助团队成员自我管理，实现自我控制和自主发展。

如果领导者过于依赖他们的权力去控制团队，他们实际上是在放弃与团队成员建立真正关系的机会。如果是大规模企业，团队成员者众，他们可能会有不同的工作方式和思考模式，不同的岗位和技能，差异自然也会比小规模企业要多。如果决策完全依赖领导力控制由上而下，不考虑这些差异时，团队成员可能会感觉他们的声音被忽视，他们的创意和点子不被重视。这种感觉不仅限制了团队的创造力和多样性，还会导致效率低下和团队成员高流动率，人才流失将变得更加频繁。

尤其现代当人们可以通过互联网轻松地为世界各地的企业工作时，他们是不会屈服于权威和控制而留在一个不重视他们、不信任他们的组织。

正因如此，领导力、权力和控制正在向信任、尊重、认同转变。在一个互相信任的团队中，每个人都能够更自由地发挥自己的潜能。作为领导需要放弃控制，学会信赖他们的团队，允许他们更加独立地工作，而不是对每一个细节进行监控。

一个优秀的企业注意企业内外的信息共享，透明度至上，财务状况、决策过程以及团队的目标等信息公开，让员工和外界都能了解企业的运作。员工可以通过内部工具向企业管理层提问，这种开放沟通的文化使得信任在团队之间建立。甚至员工可以自由选择工作地点和时间，让员工能够更好地平衡工作和生活。

在这个充满变革和不确定性的时代，传统的权威主义领导模式已经不能满足组织的需求，相比之下，基于信任的领导和文化模式，正在成为塑造未来成功组织的关键要素。现代领导者需要理解这种转变，并适应新的领导方式和组织形态。他们需要发展自身的影响力、沟通能力和人际关系能力，以促进团队的合作和发展，实现更好的业绩和成果。

用理念而不是权谋管人

其实，优秀的管理者都在做一件事，那就是价值观输出，这个事是最重要的事。格局大的人就明白，他不但要挣钱，更要挣到钱买不到的东西。用理念去管人是价值观，用权谋管人也是一种价值观。而前者对于所管理之人而言，会更容易被接受、更容易产生效果。

理念与权谋在管理中的应用有显著的区别。理念强调的是价值观和原则，旨在建立一个健康、和谐和高效的工作环境，激发员工的内在动力和自我约束力，培养员工的职业道德和团队合作精神。理念管理注重员工的成长和发展，提供必要的培训和支持，帮助员工实现个人职业规划和目标。同时，理念管理也强调组织的可持续发展和长期效益，制定长远的发展战略和目标，以推动组织的不断进步和创新。

相比之下，权谋管理则更侧重于权力和控制手段的应用，领导者通常通过权威和决策权来对团队或组织施加影响力。权谋管理可能导致员工失去工作热情和动力，产生消极的工作态度和行为，甚至导致组织内部的冲突和分裂。权谋管理过于依赖权力和控制手段，而忽略了员工的情感、价值观和职业发展的需求，难以激发员工的创造力和创新精神。

因此，理念与权谋在管理中的应用具有明显的差异。理念管理是一种更加健康、和谐和高效的管理方式，有助于建立一个积极向上、富有创造力和竞争力的组织文化。领导者应该注重发展自身的价值观和原则，以理念为基础来指导和管理团队或组织，以实现更好的业绩和成果。

用理念而不是权谋管人是一种强调以价值观和原则为基础的管理方式，而不是依赖权力和控制手段。这种管理方式有助于建立一个更加健康、和谐和高效的工作环境。

用理念管人有助于培养员工的价值观和职业道德。当员工认同组织的价值观和原则时，他们会更愿意遵守组织的规章制度，并积极履行自己的职责。这种管理方式能够激发员工的内在动力和自我约束力，减少对权力和控制的依赖。

用理念管人有助于建立信任和合作关系。以价值观和原则为基础的管理方式能够促进员工之间的相互信任和理解。当员工之间有共同的价值观和目标时，他们会更愿意相互协作和支持，从而增强团队的凝聚力和合作精神。

用理念管人有助于提高组织的整体绩效。当员工认同组织的价值观和目标时，他们会更愿意投入更多的时间和精力来完成工作任务。这种管理方式能够激发员工的创造力和创新精神，推动组织不断发展和进步。

相比之下，权谋管理方式通常依赖权力和控制手段来管理员工。这种方式可能会导致员工失去工作热情和动力，产生消极的工作态度和行为，甚至导致组织内部的冲突和分裂。因此，用理念而不是权谋管人是一种更加健康、和谐和高效的管理方式，它有助于建立一个积极向上、富有创造力和竞争力的组织文化。

优秀的领导力有一个共同特点，他们一定都是以清晰的理念为核心，以坚定的践行为关键。修己以治人，才是领导力中真正的大智慧。

能下人，能忍人，能克己

对于成功的人，曾国藩曾经这样总结：观古今来成大功享全名者，非必才盖一世。大抵能下人，斯能上人；能忍人，斯能胜人。这也是作为领导者必修的涵养，符合这样的涵养往往能成大业。

作为领导者，具备"能下人、能忍人、能克己"的品质是非常重要的。这些品质能够帮助领导者更好地与团队成员相处，化解冲突，推动团队的发展和进步。

首先，"能下人"指的是领导者要放下身段，与团队成员建立平等、互信的关系。领导者需要避免过分强调自己的地位和权力，要关注团队成员的需求和意见。通过与团队成员建立良好的沟通和合作关系，领导者可以更好地了解团队成员的需求和问题，从而更好地指导和管理团队。

作为领导"能下人"的具体表现：

（1）关注团队成员的需求和意见，而不是仅仅关注自己的想法和决策。

（2）创造一个开放、包容的工作环境，鼓励团队成员发表自己的观点和建议。

（3）积极参与团队活动，与团队成员互动，建立良好的工作关系。

（4）当团队成员提出不同意见时，要能够倾听，并给予关注，而不应该压制或忽视。

通过"能下人"，领导者能够更好地了解团队成员的想法和需求，增强团队的凝聚力和战斗力。这也有助于领导者做出更明智的决策，提高团队的执行力和绩效。

其次，"能忍人"指的是领导者要有耐心和宽容的心态，能够容忍团队成员的不足和错误。在团队工作中，难免会出现各种问题和挑战，团队成员也难免会出现失误和不足。作为领导者，要能够理解和容忍这些不足，同时也要帮助团队成员发现问题并指导他们进行改进。这样的领导者才能够赢得团队成员的信任和尊重，并增强团队的凝聚力和战斗力。如果一个领导率性而为，由着自己的性子来，动不动就与人正面冲突，那么会导致所有人都跟你作对，做成了事情不但无益反而有害。

"能忍人"的具体表现。

（1）当团队成员犯错或遇到挫折时，给予他们鼓励和支持，帮助他们分析问题并找到解决方案。

（2）不轻易发脾气或指责团队成员，而是以理服人，通过沟通和指导来解决问题。

（3）对待团队成员的不足和错误时，采取包容和理解的态度，帮助他们成长和发展。

"能忍人"有助于建立信任和尊重的团队文化。领导者通过宽容和理解，增强团队的凝聚力和向心力，使团队成员更愿意投入工作，提高团队的绩效和创造力。

最后，"能克己"指的是领导者要自我约束和克制，能够管理自己的情绪和行为。领导者在工作中需要面对各种压力和挑战，但过度的情绪波动和行为失控可能会对团队产生负面影响。因此，领导者需要具备自我克制的能力，保持冷静和理性，同时也要善于管理自己的情绪和行为，以更好地应对各种挑战和压力。

"能克己"的具体表现。

（1）在面对压力和挑战时，保持冷静和理性，不轻易流露负面情绪。

（2）在决策和行动时，深思熟虑，避免冲动和轻率的行为。

（3）在处理冲突和问题时，控制自己的情绪，以理性和公正的态度解决问题。

"能克己"有助于领导者做出更明智的决策、保持良好的形象和信誉。同时，这也将为团队成员树立良好的榜样，帮助整个团队更好地应对挑战和压力。

重视放权和允许员工试错

重视放权和允许员工试错是现代组织管理中非常重要的两个原则。这些原则有助于激发员工的创造力和自主性，提高组织适应变化的能力和灵活性。

重视放权意味着领导者需要给予员工一定的自主权和决策权，让他们能够自主地开展工作并解决问题。放权可以让员工感到被信任和重视，激发他们的责任感和工作热情。同时，放权也有助于提高组织的灵活性和适应性，因为员工更接近市场和客户，只有这样员工才能够快速地响应市场的变化和客户的需求。然而，放权并不意味着领导者可以对员工的工作不闻不问，领导者仍然需要对结果进行监督和评估，并对员工的工作提供必要的指导和支持。领导者需要与员工建立清晰的沟通机制，明确工作的目标和期望，以便员工能够更好地完成任务。

允许员工试错意味着领导者需要鼓励员工勇于尝试新的方法和思路，并容忍他们在尝试过程中可能出现的错误和失败。失败是成功的垫脚石，许多创新和突破都是在不断试错的过程中实现的。领导者需要营造一种鼓励创新和包容失败的文化氛围，让员工不害怕失败，而是将失败视为学习和成长的机会。

当然，允许试错并不意味着领导者可以对错误视而不见。领导者需要帮助员工分析错误的原因，总结经验教训，以便他们能够从失败中学习并不断改进。领导者还需要在必要时为员工提供指导和支持，帮助员工克服困难和挑战。

组织的发展离不开创新，创新的基础是敢于试错，员工在允许的情况下多次尝试才能放开手脚去做。就像诺贝尔化学奖获得者瓦拉赫提出的：学生的智能发展都是不均衡的，都有智能的强点和弱点，他们一旦找到自己智能的最佳点，使智能潜力得到充分的发挥，便可取得惊人的成绩。这一现象人们称之为"瓦拉赫效应"。对员工进行精神激励，要鼓励员工去不断创新，而不是让他在工作中减少错误。

为了鼓励创新，谷歌曾允许工程师用"20%的时间"开发他们自己感兴趣的项目，早在2012年，苹果就推出了"蓝天计划"，某些苹果员工可以花费最多两周的时间来研发自己感兴趣的项目。Facebook的创新氛围非常浓厚，不仅拥有专门的移动设计智囊团，员工们还经常有规律地"角色互换"，工程师、管理层和其他团队经常变换工位，从而更好地进行讨论并激发创意。所以，给予员工最好的精神激励就是让他们敢于创新，不怕犯错。

在腾讯，管理者不会严格规定员工应该做什么，不该怎么做，需要做什么，不要做什么。而是给大家设定一个目标，提示一个方向，让大家想尽办法去达到，甚至有些时候，领导给的目标还比较模糊。比如有的领导会说，我们今年一定要有一个很好的产品创意。至于在实现目标的过程中，员工具体会使用什么样的策略，或者采取什么样的方式，并没有过多限定，领导也不会有任何干预，每个人都会有足够大的空间自由发挥。但这并不代表领导就无所事事了，他们的关注点会集中在每一个时间段的变化上，判断项目是否在朝着目标迈进。正是因为给了员工足够的空间，才能让员工有自主意识去不断追求做得更好。而在腾讯，不论领导还是周边的同事，对于犯错，只要不是特别重大或原则性的错误，都是非常包容的，不会因为一个错误而去否定一个人。因为他们知道，任何人都会犯错，但只要从中吸取哪怕是一段代码的教训，让自己成长，那么这次失败就是能够被接受的。

总之，就像可口可乐 CEO 詹姆斯·昆西说的那样，如果不犯错误，那就是我们不够努力。不鼓励员工犯错，但必须允许员工犯错。试错的成本并不高，而错过的成本才高，不会"容错"的企业，就等于失去了创新的能力。那些大企业如丰田、IBM、通用、索尼等，"失败"是他们身上的光荣符号。所以伟大的企业和优秀的领导者，必定经过不断的失败才会有挑战困难的信心，并在危机中勇往直前。

当然，允许犯错也是有边界的，比如打造容错文化和决策机制，并在二者之间达到平衡。记录每一次失败，从犯错中吸取经验，对失败进行有效复盘，在错误中学习，以正面的态度支持员工实现新构想，以激发员工的创造活力，帮助企业成长壮大。

了解新生代员工的行为动机

了解新生代员工的行为动机是现代组织管理中非常重要的一环。随着时代的变迁，越来越多的年轻人开始步入职场，成为组织中的重要力量。因此，了解新生代员工的行为动机，对于领导者来说至关重要。

1. 新生代员工更加注重自我实现和成长机会

他们渴望在工作中发挥自己的才华和潜力，实现个人价值。同时，他们也追求不断学习和成长的机会，不断提升自己的技能和能力。因此，领导者需要给予新生代员工足够的发挥空间和挑战，提供学习和成长的机会，激发他们的创造力和潜力。

2. 新生代员工更加注重工作与生活的平衡

他们渴望在工作之余拥有自己的时间和空间，追求健康、家庭和社交等方面的满足。因此，领导者需要关注新生代员工的心理健康和生活质量，帮助他们平衡工作和生活的关系，提高工作满意度和幸福感。

3. 新生代员工更加注重团队合作和沟通

他们渴望在团队中发挥自己的作用，与同事建立良好的合作关系。同时，他们也注重与领导者的沟通交流，希望得到认可和支持。因此，领导者需要加强团队建设，促进员工之间的合作与沟通，营造一种积极向上的工作氛围。

4. 新生代员工更加关注组织的使命和价值观

他们希望加入一个有意义的组织，为组织的使命和价值观而努力奋斗。因此，领导者需要清晰地传达组织的使命和价值观，让新生代员工感受到自己与组织的共同目标和愿景。

随着越来越多"00后"成为职场主力，与之前"70后""80后"的职场员工所强调的"奋斗、隐忍、坚持"不同，新的Z时代职场伙伴更强调自我感受、氛围以及参与感。在工作中对这些新员工最大的驱动力不仅是薪资，如果参与感越强烈，他们的工作动力就越足。

美国企业家玛丽·凯·阿什在谈到企业管理时说过一句话："每个人都会支持他参与创造的事物。"只有当员工参与了企业的决策和管理后，才能对企业产生最大的认同感和最高的满意度，也才能最大限度地激发自己的工作热情，这样企业才有可能真正地实现利润的最大化目标。稻盛和夫也说，在企业中，每个人都可以发表自己的意见，为企业经营出谋献策，并参与制订经营计划。

企业管理者不应该一言堂，尤其对于直接接触用户的基层员工，他们更知道用户所思所想，当工作越来越复杂的时候，让他们参与决策，得出的结论和方案更符合实际，同时也能激发员工的主人翁意识。

年轻人需要目标感、安全感、平等和尊重、归属感等，如果企业和领导者能够投其所好，重视他们的真实感受和需求，往往能得到新生代员工的追随与信赖。

随着新生代员工逐渐成为职场的中坚力量，对管理者们来说，既是新潮流的助力，也是不可避免需要接受的挑战。

理解不支持你的下属

作为领导者，有人追随，一定也有人不服从管理，一般下属对管理者不满意，无非是两个方面的问题：一是对管理者能力存疑；二是故意挑战管理者的权威。作为大企业的领导，首先要有格局和心胸，不能因为别人的不支持而心生怨怼，要积极想办法去了解下属不支持自己的深层原因，然后有针对性地去解决。

理解不支持你的下属是领导工作中重要的一环。当团队中出现不支持你的情况时，首先需要冷静分析，了解问题所在，然后采取适当的措施。

首先，需要了解下属为什么不支持你。是因为对你的决策不理解，还是因为对你的领导风格不满意？只有了解了问题的根源，才能有针对性地解决问题。与下属进行坦诚的沟通是解决不支持问题的关键。通过沟通，可以了解他们的想法和感受，让他们知道你在乎他们的意见和看法。同时，也可以通过沟通来解释你的决策和目的，消除他们的疑惑和不满。

如果下属对你的领导风格不满意，可以考虑调整自己的领导风格。例如，更加注重下属的意见和参与决策，或者更加注重团队建设和员工激励。通过改变自己的领导风格，可以更好地适应团队需求，提高下属的工作积极性和满意度。

如果下属不支持你的情况比较严重，可能需要考虑团队结构的问题。例如，是否存在人员配置不合理、岗位设置不科学等问题。可以考虑对团队结构进行调整，优化人员配置，提高团队整体效能。如果下属是个有能力的人，不服从管理，作为他的直接上司，你应该感到高兴，可以准备驯服这匹千里马了。有能力的人往往恃才傲物，很多东西看不惯。如果不服从管理可以理解，如果不尊重，可以寻求上级或同事的支持。

他们可能会提供有益的建议和帮助，帮助你更好地处理问题。同时，也可以通过与他们的交流和讨论，获得更多的信息和支持。

也有一类下属，本身能力有限还不懂尊重人，遇到这样的人作为管理者也需要自我反省，说明自己识人无术。选错人用错人，对企业和团队很可能是致命的打击。对于一身独大做事我行我素、滥用职权以权谋私、自作主张独断专行等这样的人，就算再有能力，也要慎重提拔。

综上所述，想要摆平不服从自己的下属，首先拿出理解的心态去了解原因，了解下属的需求和想法、建立良好的沟通机制、提高自身的管理能力和素质、合理安排工作和分析资源、建立有效的激励机制以及妥善处理矛盾和冲突等。

通过这些措施的实施，可以有效地提高团队的凝聚力和向心力，增强下属的忠诚度和工作积极性，最终实现团队的整体目标。

同时，管理者也需要在实践中不断总结经验教训，不断完善和调整管理策略和方法，以适应不断变化的市场环境和团队需求。

只有这样，才能真正地摆平不服从你的下属，带领团队走向更加美好的未来。

领导要允许下属直言不讳

如果只能用一条标准去衡量领导是否心胸宽广，那么允许下属直言不讳是作为领导的基本功和修养。

领导允许下属直言不讳，是展现其开明、包容和明智的重要体现。这样的领导方式不仅能够增强团队的凝聚力和向心力，还能够促进组织的创新和发展。

首先，允许下属直言不讳有助于建立信任关系。当领导愿意倾听下属的意见和建议，尤其是那些与自己想法相悖的观点时，下属会感到被尊重和信任。这种信任关系能够激发下属的积极性和工作热情，使他们更愿意为团队和组织的发展贡献自己的力量。

其次，直言不讳能够促进信息的流通和共享。下属作为执行者，往往能够更直接地接触到实际问题和一线情况。他们的直言不讳，可以帮助领导更全面地了解实际情况，避免因为信息不对称而做出错误的决策。同时，通过分享和交流，还能够激发团队的智慧和创造力，共同解决问题。

允许下属直言不讳还能够培养团队的开放和包容氛围。在这样的氛围中，团队成员能够敢于表达自己的看法和意见，不用担心被批评或打压。这种氛围有助于激发团队成员的创新精神和批判性思维，推动团队不断进步。

历史上玄武门之变后，李世民面临处理东宫、齐府余党的棘手问题。当时，许多秦府将领主张将李建成和李元吉的心腹百余人全部处死，家产充公。然而，李世民却以他父亲的名义大赦天下，明确表示只对建成和元吉定罪，其余党羽一概不问。这一决策中，李世民特别保留了魏征的性命，向外界传递了一个明确的信号：即使是敢于当面顶撞他的太子余党，也不会受到处分。这展示了李世民对直言者的宽容和尊重。

之后，魏征的直言进谏成为唐太宗时期的一大特色。他不仅在《贞观政要》中留下了多达十多起的犯颜直谏的记录，而且其直言不讳、反对意见频出的态度，常常让唐太宗感到不悦。然而，李世民并没有因此降罪于魏征，反而欣赏他的忠诚和胆识。魏征的直言进谏，不仅帮助唐太宗避免了许多错误决策，还推动了"贞观之治"的实现，使唐朝达到了一个政治清明、经济繁荣的时期。

这个案例告诉我们，一个明智的领导者应该能够容忍和欣赏直言不讳的下属，因为他们的意见和建议往往是推动组织进步的重要力量。同时，这也提醒我们，作为下属，应该敢于表达自己的看法和意见，为组织的发展贡献自己的力量。

然而，允许下属直言不讳并不意味着领导要完全接受所有的意见和建议。领导在倾听的同时，也需要保持理性和客观，对下属的意见进行甄别和筛选。同时，领导还需要给予下属适当的反馈和指导，帮助他们不断提升自己的能力和素质。

总之，领导允许下属直言不讳是明智之举。通过建立良好的信任关系、促进信息流通和共享、培养开放和包容氛围，领导能够激发团队的潜力和创造力，推动组织的持续发展和进步。

第8章　文化习惯沉淀设计

明确企业愿景和价值观

　　企业文化是企业的灵魂，是推动企业发展的不竭动力。不同的企业为了体现自己的精神内涵，都会建立自己的文化体系，其中"愿景、使命和价值"通常被认定为企业文化的三大核心要素。知名的大企业都有自己的使命和价值观。例如，腾讯的愿景和使命是"用户为本，科技向善"，价值观"正直、进取、协作、创造"。百度的使命愿景是"成为最懂用户，并能帮助人们成长的全球顶级高科技公司，用科技让复杂的世界更简单"，价值观是"简单可依赖"。微软的使命"予力全球每一人、每一组织，成就不凡"，价值观是"尊重、诚信、承诺"。

　　企业文化明确愿景和价值观是非常重要的，因为它们是企业发展的核心动力和方向。一个清晰、积极、有意义的企业愿景和价值观可以帮助员工更好地理解企业的目标和期望，激发他们的积极性和创造力，提高企业的竞争力和市场地位。

在招聘员工的时候，首要考虑的是企业文化与招聘人员的匹配性。种子在适合的环境中才能发芽结果。如外企的人员到国企，或者国企人员到外企，就容易水土不服，因为企业文化差别太大。同时企业不同的发展阶段所需要的人才也不一样。招聘匹配企业文化、企业价值观的人远远重要于通过企业文化培训或强制考核来影响这个人。所以要招一只猴子去摘香蕉，而不是培养一只老虎去爬树。

企业在招聘时要高起点，才能达到招聘目标，不然会影响到企业战略的执行。我们买鞋的过程中，首先选择与自己支付能力匹配的品牌，不会去挑价钱最贵的，也不会挑最流行的，而是买最适合自己脚、穿着舒服的。俗话说，鞋子好不好，只有自己的脚知道。同样人才招聘上，有效的招聘原则是，"合适的，才是好的"。

"寻找最优秀的人才"成了很多企业的招聘原则。其实，他们犯了一个很大的错误，最好的不一定适合企业，适合企业的才是最好的。领导者要树立招聘人才的心态，很多时候老板精心高薪酬选择的人才到企业，却没有发挥重要作用，这就会打击老板的积极性，总抱着试试看的心态去招聘，那结果可想而知。

在招聘的时候，要充分考虑到企业文化和企业愿景是否与所招聘人员适配。

企业愿景是一个企业的核心目标和发展方向，是企业在未来一段时间内要实现的目标和使命。一个好的企业愿景应该具有明确性、可实现性、激励性和价值性等特点，要能够让员工感受到自己工作的意义和价值，激发他们的工作热情和创造力。

其次，企业价值观是企业文化的核心，是企业员工共同遵循的价值观念和行为准则。企业价值观应该具有普遍性、独特性、可行性和持久性等特点，要能够引导员工的行为和决策，塑造企业的形象和品牌，增强企业的凝聚力和竞争力。

为了使企业文化明确愿景和价值观，企业需要采取一系列的措施。首先，企业需要制定一个清晰、具体、可实现的企业愿景和价值观，并确保它们与企业的战略目标和发展方向相一致。其次，企业需要将这些愿景和价值观融入日常工作中，通过培训、宣传、奖励等方式来促进员工对它们的认同和遵循。最后，企业需要不断审视和更新这些愿景和价值观，以适应市场变化和企业发展的需要。

制定清晰、具体、可实现的企业愿景和价值观需要经过深入的思考和规划，以下是一些建议。

（1）企业愿景和价值观应该与企业的定位、发展战略相一致，要能够为企业的长期发展提供指导和支持。因此，企业需要明确自身的定位和战略目标，并以此为基础制定企业愿景和价值观。

（2）企业愿景和价值观应该充分考虑员工的需求和期望，要能够激发员工的积极性和创造力。因此，企业需要了解员工的想法和意见，通过调查、座谈、交流等方式收集员工反馈，并以此为基础制定企业愿景和价值观。

（3）企业愿景和价值观应该突出企业的特点和优势，要能够让企业在市场竞争中脱颖而出。因此，企业需要分析自身的特点和优势，并将这些特点融入企业愿景和价值观中。

（4）企业愿景和价值观应该具体明确、可衡量，要能够为员工提供明确的指导和目标。因此，企业需要将愿景和价值观具体化、量化，并制订可行的计划和目标，且建立相应的考核和评估机制。

（5）企业愿景和价值观应该保持一定的稳定性和灵活性，要能够适应市场变化和企业发展的需要。因此，企业需要定期审视、更新愿景和价值观，确保它们与市场变化和企业发展相一致。

（6）企业愿景和价值观的制定不是一蹴而就的，需要企业在日常工作中不断倡导和实践。因此，企业需要采取一系列的措施来促进员工对愿景和价值观的认同和遵循，如培训、宣传、奖励等。

培养组织创新和学习文化

企业文化包括创新文化和学习培训文化，它们就像空气一样，看不见摸不着，却又无处不在。培养组织创新和学习文化是提高企业竞争力的重要途径。通过鼓励员工不断学习和创新，企业可以适应不断变化的市场环境，提高自身的竞争力和创新能力。

组织文化虽然不容易定义，但却不难判断，在一个组织中，只要在他的办公场所、生产场地看一圈，对这家企业也就有了基本判断。组织文化就是这个空间的气息，能嗅出其生命力的东西。一个企业鼓励学习的文化能够在不丧失生产力的情况下快速适应变化，能够掌握和获得保持竞争力所需的新技能，能够自信地扩大招聘范围，因为它们能够克服任何技能缺口问题。

企业需要营造一个开放、包容、鼓励创新的氛围，要让员工敢于尝试和冒险，不怕失败和挫折。同时，企业需要尊重员工的意见和想法，鼓励员工提出自己的见解和建议。

企业需要为员工提供持续学习和培训的机会，帮助员工不断提高自身的技能和能力。这可以通过内部培训、外部培训、在线学习等方式，让员工不断更新知识和技能，提高自身的竞争力。

企业需要建立一套有效的创新激励机制，对员工的创新成果给予适当的奖励和激励。可以通过设立创新奖励、提供晋升机会等方式，激发员工的创新热情和创造力。企业需要鼓励员工进行跨部门合作和知识共享，以促进不同部门之间的交流和合作。可以通过组织内部交流、建立知识共享平台等方式，让员工更好地了解企业各个方面的信息和资源。领导者是企业创新和学习文化的关键因素之一。企业需要培养领导者的创新思维和创新能力，让他们能够引导和支持员工的创新和学习活动。培养组织创新和学习文化需要企业在实践中不断探索和尝试。企业需要不断总结经验教训，不断完善自身的创新和学习机制，让企业文化真正成为推动企业发展的重要动力和支撑。

知名的大企业都是注重组织创新和学习的，例如：

谷歌公司一直以来都非常注重创新和学习。他们鼓励员工进行内部流动和跨部门合作，建立了很多创新团队，并在公司内部设立了"创意实验室"等机构，为员工提供了一个自由、开放、充满创意的工作环境。同时，谷歌公司也注重员工的学习和培训，为员工提供了丰富的在线课程和培训资源，帮助员工不断提升自身的技能和能力。

亚马逊公司也非常注重创新和学习。他们鼓励员工提出自己的想法和建议，并在公司内部设立了"亚马逊发明家"等机构，专门支持员工的创新项目。同时，亚马逊公司也注重员工的学习和培训，提供各种在线课程和培训资源，以帮助员工不断提升自身的技能和能力。

华为公司是中国的一家科技巨头，也非常注重创新和学习。他们建立了全球研发中心，拥有大量的研发人员和技术专家。华为公司注重员工的培养和发展，提供了各种内部培训和外部培训机会，鼓励员工不断学习和成长。同时，华为公司也注重创新和知识产权的积累，拥有大量的专利和技术成果。

企业作为一个有机的系统，必须保持开放分享的心态才能维护自身的活力。这里的开放，既是指企业向市场和行业的开放和分享，同时也是指内部各子系统在资源、知识和信息的开放和共享。

打造创新和学习型的团队和组织，是企业保持高质量、可持续发展的必由之路，是面向复杂环境和激烈竞争的最佳选择，更是着眼未来的未雨绸缪之举。只有让成员和组织自身不断进化和成长，企业才能不断取得突破，从而持久地为客户提供更专业、优质和高新的产品和服务。

推广企业品牌形象

　　企业文化是一个企业在长期经营过程中形成的一种文化传统和价值观念，它代表着企业的内在精神风貌。企业文化包括企业的品牌形象、经营理念、价值观念、行为准则、道德规范、企业精神等多个方面。企业品牌形象是企业文化外在的表现形式，它通过形象、标识、品牌名称、品牌传播等方式来传达企业的价值观和文化内涵，让消费者对企业文化有更直观的认识和感知。同时，企业品牌形象也反作用于企业文化，通过消费者的反馈和评价，企业可以更好地了解自身的文化和品牌价值，从而不断改进和创新，提升企业文化的内涵和品质。因此，企业品牌形象与企业文化的建设和发展是相辅相成的，它们对于企业的发展具有重要的意义和作用。

　　推广企业品牌的方法有很多种，其中最重要的是开展品牌营销活动。企业可以利用多种渠道，运用多种手段来宣传和推广企业品牌，例如广告、宣传册、社交媒体、网站和杂志等。

　　在推广企业品牌形象方面，国货品牌鸿星尔克和蜜雪冰城所进行的公益营销成功案例，值得借鉴。

　　在河南遭受洪灾时，鸿星尔克通过官方渠道宣布捐赠5000万元物资驰援灾区，此举迅速引起了社会的广泛关注。原本这个品牌在市场上的知名度并不高，甚至一度面临经营困境，但这次捐款行动却使其一夜爆红。

捐款消息传出后，大量网友纷纷涌入鸿星尔克的直播间和线下门店，用实际行动支持这个富有社会责任感的品牌。一时间，鸿星尔克的产品销量大增，甚至出现了供不应求的情况。这次捐款行动不仅提升了鸿星尔克的品牌知名度和美誉度，更让消费者看到了其背后的价值观和企业文化。鸿星尔克通过捐款行动展示了其深厚的爱国情怀和强烈的社会责任感，这种正面形象深深地打动了消费者，使他们更愿意选择和支持这个品牌。

此外，鸿星尔克还通过捐款行动与消费者建立了更紧密的情感联系。消费者在购买鸿星尔克的产品时，不仅仅是在购买一件商品，更是在支持一个有爱心、有责任感的品牌。这种情感联系使得消费者更加忠诚于鸿星尔克，愿意长期支持和关注它的发展。

除了鸿星尔克捐款推广企业形象的案例外，蜜雪冰城也是一个类似的例子。

在河南遭受洪灾时，蜜雪冰城迅速行动，捐出大量款项和物资用于救灾。作为一个总部位于郑州、本身也面临自救压力的企业，蜜雪冰城的这一行为得到了广大网友的点赞和认可。这次捐款行动不仅展示了蜜雪冰城的社会责任感，也进一步提升了其品牌形象。

与鸿星尔克相似，蜜雪冰城通过捐款行动向公众传递了其企业的价值观和企业文化，即注重社会责任、关心社会福祉。这种正面的形象塑造使得消费者对其品牌产生了更多的好感和信任，从而提高了品牌的知名度和美誉度。

同时，蜜雪冰城的捐款行动也与其品牌形象相得益彰。作为一个主打性价比、亲民路线的品牌，蜜雪冰城一直以来都深受消费者喜爱。而这次捐款行动更是让消费者看到了其品牌背后的真诚和善良，进一步加深了消费者对其品牌的情感认同。

品牌形象就是品牌资产中最重要的组成部分，它构成了品牌认知、品牌联想和美誉度，并且会极大地影响品牌知名度和忠诚度。所以，品牌形象要向实而行。

在品牌初创期，针对新品牌打造或者新产品发布，传播推广最需要的结果是要让消费者知道并记住。

在品牌成长期，传播推广最需要的结果是品牌认知的持续深化和增长的达成，因此关键指标在于"联想度"的丰富，"美誉度"的持续提升。

在品牌成熟期，针对品牌重塑和品牌焕新等特定营销场景，品牌最需要的是重建消费者关系和消费者态度。

人才赋能和弹性制度的柔性管理

作为管理者，如何能够带出一支高素质的协作团队呢？时下流行一个观点：管理靠的不是管控，而是赋能，制度不能强硬，而需要柔性管理。赋能就是给予别人能量的意思，意指管理者通过对下属赋能，让员工更有能力为组织做出贡献。使个人能力发展与组织的愿景、使命、价值观形成联机，让个人与组织发展的方向一致，这样个人才能得以更好更快地发展。所以，未来的管理就是"赋能与激活"。

现在这个时代发生了很多变化。环境在变，企业和团队、绩效和发展等也在变，甚至在某一个特定的社会环境下都在发生改变。因为环境不可避免地会影响企业战略、运营模式、人员发展、人员能力构建等方面。在这种混沌指数不断增加的情况下，作为一个企业、一个组织，如何适应环境，适应这种变化呢？一个企业生存依托的是绩效、依托的是未来的发展，那么这二者的原动力从何而来？无论环境怎样改变，唯一不变的动力依然是"人"。一家企业要发展，一定离不开企业内所有的人。人才赋能是指赋予员工必要的知识、技能和能力，使他们能够更好地完成工作并为企业创造价值。这通常通过培训、教练、持续学习和其他发展计划，使员工能够在工作中获得成长和进步。

例如，某科技公司意识到其员工需要掌握新的技术技能以保持竞争力，于是启动了一项大规模的培训计划。该计划涵盖了各种技能和知识领域，并通过在线课程、工作坊和内部导师制度等方式提供培训。员工参与这项计划后，不仅提高了自身能力，还在工作中表现出更高的效率和创新性，从而推动整个组织的成功。

弹性制度是指灵活、适应性强的管理制度，旨在应对市场变化、业务波动等不确定性因素。这种制度允许组织根据需要快速调整其结构和流程，并保持高效运营。

例如，某电商公司在新冠疫情期间面临着物流和供应链中断的问题。

为了应对这一挑战，公司迅速调整了其物流和采购策略，与供应商建立更加紧密的合作关系，并优化了内部流程。这使得公司能够快速适应变化，保持业务连续性，并在困境中取得增长。另外，弹性制度还与所要控制的目标区间大小相关，当制度的目标区间趋于 0，亦即控制在一个点时，我们说这是硬性规定，没有弹性。如果公司考勤制度，规定每月允许 3 次漏打卡，就是一种较为有弹性的制度。

柔性管理是一种注重灵活性、适应性、创新性和快速响应变化的管理方式。它强调员工的自主性和自我管理，鼓励团队合作和跨部门协作，以适应不断变化的环境。

例如，某制造企业引入了柔性生产线来适应多变的市场需求。通过自动化和数字化技术，生产线可以根据订单需求快速调整生产计划，这减少了生产成本和浪费。同时，企业还引入了柔性管理策略，鼓励员工参与决策过程、跨部门协作以及自主解决问题。这使得企业能够更好地应对市场变化，并持续提高生产效率和客户满意度。

综上所述，人才赋能、弹性制度和柔性管理都是为了提高组织的适应性和创新能力，从而在不断变化的市场环境中保持竞争优势。通过培养员工的技能和能力、建立灵活的管理制度和实施柔性管理策略，企业可以更好地应对挑战并抓住机遇，实现可持续发展。

让员工在复盘中学习和成长

企业的"复盘"文化是指通过复盘的方式来反思、总结和提升企业的运营管理、团队协作和业务发展等方面的能力。复盘是一个从实践中学习的过程，通过对过去的工作进行回顾、分析和总结，发现其中的优点和不足，并提炼出经验和教训，为未来的工作提供指导和借鉴。

让员工在复盘中学习和成长是一种有效的管理方法，这可以帮助员工不断总结经验、发现问题、提升能力，并促进企业的持续改进。

复盘通俗地讲就是我们把做过的事情再重演一遍，通过这个重演的过程，反思我们的思维模式和行为方式，探究为什么会这样想？探询为什么当时会这么做？查找并分析原因，找到成功的规律和失败的原因，其关键是观察团队的集体意识和个人冰山下的自我觉察。

复盘有大复盘、小复盘。大到一个企业的战略实施结果、一座大桥的建成、一次大型活动、招聘一个关键岗位的人，小到我们个人参加一次考试、举办一次郊游的活动等，这些都可以复盘。通过复盘觉察我们的思维模式和行为模式，不断修炼和改善，让每一件事情做得越来越好，让我们自己变得越来越好。

一个良好的复盘文化可以带来很多好处。

（1）通过复盘，团队成员可以更好地理解彼此的工作和角色，发现团队协作中的问题和障碍，并共同探讨解决方案，提高协同作战能力。

（2）复盘是一种很好的知识共享方式。通过回顾过去的工作，团队成员可以分享自己的经验和教训，将个人的知识转化为团队的知识，促进团队成员之间的互相学习和成长。

（3）复盘可以帮助团队更好地理解和解决工作中遇到的问题。通过对问题的深入分析和探讨，团队可以找到更好的解决方案，提高解决问题的能力和效率。

（4）通过复盘，团队可以发现工作中的不足和瓶颈，从而有针对性地进行改进和创新。这有助于提高工作效率和质量，推动企业的持续改进和发展。

要建立良好的复盘文化，企业需要采取以下措施。

（1）在开始复盘之前，要明确复盘的目的和范围，例如，是为了评估项目进展、发现问题还是总结经验教训。确保参与者了解复盘的目的和重点，以便他们能够有针对性地准备和参与讨论。

（2）让员工积极参与复盘，分享他们的经验和观点。鼓励他们提出问题和建议，以及讨论可能的改进措施。这样可以提高员工的参与感和投入度，促进知识共享和学习。

（3）在复盘过程中，提供积极的反馈和建设性的指导，帮助员工识别自己的优点和不足，以及如何改进。同时，也要给予员工足够的支持和资源，以帮助他们实现改进目标。

（4）将复盘结果记录下来，并进行总结。这有助于将讨论转化为具体的行动计划和改进措施。同时，也可以将复盘结果与企业的战略目标和价值观相结合，以促进企业的持续改进和发展。

（5）在复盘结束后，跟踪和评估改进措施的实施情况。确保员工按照计划进行改进，并及时提供必要的支持和指导。同时，也要对改进效果进行评估，以检验复盘的成果和价值。

（6）通过复盘和其他学习方式，建立一种持续学习的文化。鼓励员工不断学习和探索新方法，以促进个人和企业的成长。同时，也要为员工提供学习和发展的机会，如培训、内部研讨会等。

强调客户至上，提供极致服务

强调客户至上、提供极致服务是现代企业发展的核心竞争力之一。企业需要通过深入了解客户需求、建立客户至上的文化、提供个性化服务、持续改进和创新，以及建立客户关系管理系统等方式，不断提高客户满意度和忠诚度，从而在激烈的市场竞争中获得更大的商业成功。

就像《海盗思维》一书中讲的那样：当一家企业以尊重顾客的方式脱颖而出时，市场也会给予嘉奖。这正是客户体验带给企业的回报。你为企业的客户体验做得越多，顾客就越会倾向于选择你的产品，并心甘情愿地付钱，且会免费帮你做广告。

通过提供超出客户期望的服务，企业可以让客户感到满意，从而增加客户对企业的忠诚度和黏性。这些忠诚的客户不仅会自己反复购买企业的产品和服务，还会向他们的亲朋好友推荐，为企业带来更多的新客户和收入。

当企业以客户为中心,注重服务质量和客户体验时,就会赢得客户的认可和口碑,进而提升企业的品牌价值和知名度。当竞争对手在提供相似的产品和服务时,企业可以通过提供更高水平的服务来脱颖而出,吸引更多的客户和市场份额。企业可以与客户建立更深入的联系和信任关系。这种信任关系可以为企业创造更多的商业机会,如客户愿意尝试企业的新产品和服务、愿意与企业合作开展更深入的项目等。

海底捞是一家以提供杰出服务著称的火锅连锁企业。他们通过深入了解客户需求,提供个性化的服务,如免费美甲、免费擦鞋等增值服务,以及在顾客等待时提供娱乐设施,让顾客感受到了宾至如归的体验。同时,海底捞也注重员工培训和激励,让员工充分认识到了客户的重要性,并提供良好的工作环境和福利待遇,保持员工的高昂士气和忠诚度。这些措施使得海底捞在火锅行业中脱颖而出,获得了巨大的商业成功。

海底捞被誉为"地球人拒绝不了的"贴心服务,相信大家都见证了这个事实,自1994年至今,经历24年的风风雨雨,海底捞已经从街边的麻辣烫小店,成长为市值千亿的餐饮巨头。此外,海底捞通过极致的服务,成功走出了一条独特的发展之路。海底捞的成功明显地告诉我们:优质服务对一个品牌企业发展的重要性,并且它会给企业带来源源不断的回报。

提供极致服务需要企业注重员工的培训和发展,让员工具备更好的服务意识和技能。这不仅可以提高员工的工作满意度和归属感,还可以激发员工的工作积极性和创新精神,从而提高整个企业的运营效率和竞争力。

企业强调客户至上，提供极致服务，可为企业带来更多的竞争力，尤其随着消费者需求在不断提升的今天，体验经济已经无所不在。

以一杯咖啡对应的咖啡豆，在四种经济形态下的价值/价格为例：

作为农产品种植出来的一种果实种子不做任何情感上的附加，咖啡豆的价格也许只有几分钱。

在加工厂完成烘焙，包装为成品，打上品牌，它对应的售价变为1~3元。

在街边小店或者类似711这样的便利店，通过店员的标准化咖啡萃取制作服务，变成一杯热腾腾的现磨咖啡，它的价格上升到5~30元。

在能带给消费者良好体验的环境下，如环境优美舒适的咖啡厅、新型书店、旅游景点、商务环境等，它的价格将达到30~100元。

在咖啡豆成本相同的情况下，加入体验思维就变得身价翻番。因此，未来商业的发展和竞争将从功能、价格和服务转向体验，这也是未来企业重要的战略方向。

第9章　企业竞争力规划设计

设定明确愿景和战略

企业的战略和愿景是两个紧密相关的概念，它们共同描绘了企业的长远目标和行动计划。战略是关于企业如何达成其愿景或目标的计划。它包括对企业所处的市场环境和竞争态势的分析，明确企业的优势和劣势，以及如何利用这些优势或改进劣势来获得竞争优势。战略还包括选择特定的市场、产品或服务，以及如何通过运营和管理来实现这些选择。愿景是一个企业的核心信仰和长远目标。它反映了企业的使命、价值观和理念，是企业的灵魂和方向。一个好的愿景应当能够激发员工的工作热情，引导企业的发展方向，并且能够被清晰地传达给内部和外部的利益相关者。

企业通过制定和实施战略，使自己能够更好地实现其愿景。战略提供了实现愿景的具体路径和方法，而愿景则为战略提供了目标和动力。因此，一个成功的企业需要有一个清晰的战略和愿景，并且不断地评估和调整这两个方面，以适应不断变化的市场环境和企业发展需求。

一个企业的竞争力规划设计，"战略"是起点，"领导力"是过程。第一个扣子扣错了，后面的扣子扣得再好也没多大用。经营业绩下滑，很多企业往往习惯性地大规模整顿运营环节，比如改善流程和压缩成本等，却忘记了反思战略。战略非常重要，需要领导者花时间和精力去深入学习并熟悉掌握。

腾讯曾经是一家以即时通信工具（QQ）起家的公司，随着互联网的发展，腾讯逐渐扩展到游戏、社交、广告等多个领域，成为一家综合性互联网企业。然而，随着移动互联网的兴起和用户需求的变化，腾讯面临着巨大的挑战和机遇。为了应对市场的变化，腾讯开始进行战略转型。

首先，腾讯明确了自身的核心优势和未来的发展方向，提出了"连接一切"的战略目标，旨在将腾讯打造成一个综合性"互联网+"平台，为用户和企业提供更加便捷、智能的服务。其次，腾讯进行了组织架构的调整，成立了多个事业群，以便更好地整合资源、提高效率。同时，腾讯还加强了对外部创新的投资和合作，通过投资和收购不断扩展自身的业务领域和生态圈。最后，腾讯注重用户体验和服务质量，不断优化产品和服务，加强与用户的互动和沟通，以提高用户黏性和忠诚度。

通过这些战略转型的措施，腾讯成功地应对了市场的变化和挑战，实现了持续快速的发展，成为一家优秀的互联网企业。

这个案例说明了企业战略的重要性，只有不断地进行战略调整和创新，才能适应市场的变化和用户的需求，并实现持续的发展和成功。

卓越的领导者一定要成为站得高、看得远的战略家，不要成为处理日常紧急事务的"救火大队长",越忙越盲,越盲越茫,越茫越忙。作为领导者要问自己四大战略问题:有没有战略,如果有能用一句话说清吗?战略好不好?战略实不实?也就是实现战略的资源是否扎实。战略快不快?在剧变的时代,战略不仅需要科学规划,还要加速进化和落地。

时刻保留充足现金流

企业现金流是评估企业竞争力的重要指标之一。现金流充足的企业能够更好地应对市场变化和突发事件,同时也有更多的机会进行扩张和发展。

首先,现金流是企业运营的基础。企业的日常运营需要稳定的现金流来支持,包括采购原材料、支付工资、市场营销等方面的支出。如果企业的现金流出现问题,可能会导致无法按时支付供应商、员工工资等,这会给企业的声誉和信誉带来负面影响。其次,现金流是决定企业扩张和发展的重要因素。企业需要足够的现金流来进行扩张和研发,扩大市场份额和提高竞争力。如果企业的现金流不足,可能会限制企业的发展和扩张计划,错失市场机会。另外,现金流也是评估企业风险的重要指标。如果企业的现金流不稳定,可能会增加企业的财务风险和市场风险,影响企业的生存和发展。

所以,企业应该重视现金流的管理和控制,通过合理的财务管理和运营策略，来保持充足的现金流，提高企业的竞争力和稳定性。同时，企业也需要根据市场变化和自身发展需求，制订合理的财务计划和预算，确保现金流的充足和稳定。

企业花钱买资产，资产产生营收，营收产生利润，有了利润，还要收回变成现金才算完成了闭环。现金流就像企业的血液，不可或缺，一家企业没有利润可以活下去，但没有现金流会无法生存。

评估企业的现金流可以通过以下几个方面来进行。

1. 现金流量表是评估企业现金流的重要工具之一

通过分析现金流量表，可以了解企业的现金流入和流出情况，以及现金的来源和用途。对现金流量表中的重要项目进行比较和分析，可以帮助评估企业的现金流状况和经营效率。

2. 经营活动现金流是企业通过正常经营活动所获得的现金流量

通过对经营活动现金流的分析，可以了解企业经营活动产生的现金流量是否稳定，以及是否能够满足企业的日常运营和扩张需求。

3. 投资活动现金流是企业用于投资和扩张的现金流量

通过对投资活动现金流的分析，可以了解企业的投资方向和投资回报率，以及企业是否能够通过投资获得足够的现金回报来支持其运营和发展。

4. 融资活动现金流是企业通过借款、还款、支付股息等融资活动所获得的现金流量

通过对融资活动现金流的分析，可以了解企业的债务状况和偿债能力，以及企业是否能够通过融资活动获得足够的现金支持。

5. 财务比率分析是评估企业财务状况的重要手段之一

通过分析财务比率，可以了解企业的偿债能力、营运能力、盈利能力等指标，从而评估企业的现金流状况和经营效率。

卓越的企业往往都是现金流良好的企业：

苹果公司通过其强大的产品线和全球范围内的销售渠道，实现了现金流的充足和稳定。苹果公司通过提前预订、延迟支付供应商款项等方式，进一步优化了现金流管理。

亚马逊作为全球在线零售商，通过高效的物流和仓储管理，实现了快速的库存周转和现金流回收。同时，亚马逊还通过优化供应商付款周期等方式，提高了现金流的稳定性。

星巴克作为全球领先的咖啡连锁品牌，通过精细的财务管理和高效的运营模式，实现了现金流的充足和稳定。星巴克还通过优化门店布局和供应链管理，进一步提高了现金流的效率。

这些企业的案例表明，保持充足的现金流需要从多个方面入手，包括高效的运营管理、合理的财务管理和创新的商业模式等。这些企业通过优化运营、控制成本、提高效率等方式，实现了现金流的充足和稳定，为企业的持续发展提供了有力的保障。

管理供应链风险

企业竞争力和供应链之间存在密切的关系。一个高效、可靠、灵活的供应链可以为企业提供竞争优势，提高企业的竞争力。

　　首先，供应链的可靠性直接影响企业的生产和经营。如果供应链中的任何一个环节出现问题，可能会导致生产中断、订单延迟、客户满意度下降等后果，这都会给企业带来损失。因此，选择可靠的供应商、加强供应商管理、建立紧密的供应商合作关系，是确保供应链可靠性的关键。其次，灵活的供应链可以更好地应对市场的变化和客户的需求。企业需要快速响应市场变化和客户需求，及时调整生产和经营策略。一个灵活的供应链可以更好地适应这种变化，帮助企业抓住市场机会，赢得客户信任。此外，高效的供应链可以提高企业的运营效率，降低成本、增加利润。通过优化供应链管理流程、采用先进的供应链管理技术、提高物流效率等措施，企业可以降低库存成本、减少运输成本、提高订单履行效率等，从而实现成本降低、利润增加。

　　例如，小象生鲜作为新零售企业，在 2018 年 3 月开业。然而，小象生鲜在短短一年内却经历了多次关店，其中常州、无锡门店的关闭导致其重新回到"原点"。这个失败案例表明，小象生鲜在供应链管理方面存在严重问题，导致其无法实现稳定运营。具体来说，小象生鲜的供应商和物流体系不稳定，导致其库存和物流管理混乱，无法保证产品质量和及时送达。同时，小象生鲜在扩张过程中也过于激进，没有充分评估供应链风险，导致其运营成本和风险大幅增加。

　　这个案例表明，企业在扩张和经营过程中需要充分评估供应链风险，建立稳定的供应商和物流体系，加强库存和物流管理，以确保企业的稳定运营。同时，企业还需要在扩张过程中谨慎决策，避免盲目追求规模而忽略供应链风险。

企业可以通过以下几种方式提升供应链竞争力。

（1）选择可靠的供应商，建立长期合作关系，确保供应商能够提供高质量的产品和服务。定期评估供应商的绩效，及时调整供应商策略，以确保供应链的稳定性和可靠性。

（2）根据市场需求和客户需求的变化，及时调整生产和经营策略。通过建立紧密的供应商和客户关系，提高供应链的灵活性和适应性，快速响应市场变化和客户需求。

（3）通过优化供应链管理流程、采用先进的供应链管理技术、提高物流效率等措施，降低库存成本、减少运输成本、提高订单履行效率等，从而实现成本降低、利润增加。

（4）确保供应链中各个环节的质量控制，从原材料采购到最终产品的交付，都要进行严格的质量检查和把关。通过提高产品质量，赢得客户信任，提高客户满意度。

（5）建立完善的风险管理制度，对供应链中可能出现的风险进行充分评估和预防。制定应对措施和应急预案，以应对突发事件和风险事件。同时，加强供应链的监控和预警，及时发现并解决潜在问题。

（6）持续优化供应链管理流程和方法，提高供应链的可靠性和效率。采用先进的供应链管理技术，如物联网、人工智能和大数据分析等，提高供应链的智能化和自动化水平。同时，注重供应链的可持续性发展，确保供应链的长期稳定和可靠性。

产品质量是强大的竞争力

企业的竞争力离不开质量管理体系的建立和实施。质量管理体系是企业提高产品质量、降低生产成本、提升客户满意度的重要保障，同时也是企业获得竞争优势的关键因素之一。通过建立和实施质量管理体系，企业可以确保产品的质量和性能符合相关标准和客户要求，提高产品的可靠性和稳定性。同时，质量管理体系还可以帮助企业优化生产流程、降低生产成本、提高生产效率，从而获得更大的竞争优势。质量管理体系的建立和实施还可以提高企业的品牌形象和市场信誉，增强客户对企业的信任和忠诚，进一步巩固和提升企业的市场地位。企业需要重视质量管理体系的建立和实施，不断完善和优化质量管理体系，提高质量管理水平，以提升企业的整体竞争力和市场地位。

例如，华为之所以会成为备受瞩目的国货行业的标杆，与该企业完善的产品质量体系息息相关。从流程管理到标准量化，然后到质量文化和零缺陷管理，再到后来以客户体验为导向的闭环，华为的质量管理体系是跟随客户的发展而逐渐完善的。华为还借鉴了日本、德国的质量文化，建设了尊重规则流程，一次把事情做对、持续改进的质量文化。华为有着复杂的业务线条，质量体系也相当复杂，但主线是由文化与机制两部分相辅相成，并且互为支撑的。在华为人看来，创新向美国企业学习，质量向德国、日本的企业学习，力争打造出完善的产品质量管理体系。

产品质量已经成了企业最强大的竞争力，产品质量作为竞争力的一个关键因素，已经在很多企业的成功中得到体现。产品质量作为企业的核心竞争力，不仅能提高企业的市场地位，还能为企业的可持续发展奠定坚实基础。在我国，以产品质量打造强大竞争力的企业很多，例如：

华为作为中国乃至全球通信行业的领军企业，华为以其卓越的产品质量赢得了广泛赞誉。无论是智能手机、平板电脑还是网络设备，华为都注重它们的细节，并持续创新，致力于为用户提供最优质的产品体验。华为的产品在耐用性、性能以及用户体验方面均表现出色，赢得了全球消费者的信赖。

格力电器在空调制造领域享有盛誉，其产品质量在国内外市场上都获得了高度评价。格力电器注重技术研发和创新，不断推出高效、节能、环保的空调产品，满足了消费者的多样化需求。同时，格力电器还建立了完善的质量管理体系，确保了产品质量的稳定性和可靠性。

海尔作为全球领先的家电品牌，其产品质量同样出色。海尔注重产品创新和技术升级，不断提升产品的性能和质量。无论是冰箱、洗衣机还是热水器等家电产品，海尔都力求做到最好，为用户提供舒适、便捷的生活体验。

比亚迪作为新能源汽车领域的佼佼者，其产品质量同样不容小觑。比亚迪注重技术创新和研发投入，不断推出性能优越、安全可靠的新能源汽车产品。同时，比亚迪还建立了严格的质量控制体系，确保每一辆汽车都符合高标准的质量要求。

这些企业都以卓越的产品质量赢得了消费者的信赖和市场的认可，展现了中国企业在产品质量方面的强大实力。当然，除了这些企业，还有许多其他中国企业也在不断努力提升产品质量，为消费者提供更好的产品和服务。

随着经济社会的发展和消费水平的提高，人们都注重追求高品质的生活，越来越讲究质量，这是一种大趋势。企业在产品和服务方面必须加强质量理念，过硬的质量才能拥有过硬的竞争力。

坚持树立良好品牌形象

品牌可以提升产品的价值，可以帮助客户节省时间成本、精神成本和体力成本，可以提高客户的感知价值，进而可以提高客户的满意水平。品牌形象是企业在市场中的重要资产之一，它直接影响着消费者对于产品或服务的认知和选择。

任何一个有损品牌形象的失误，哪怕是微小的失误，都有可能严重削弱客户的满意度，因此，企业要坚持树立良好的品牌形象。

例如，鸿星尔克作为中国本土品牌，在濒临倒闭的时候竟然通过塑造品牌形象而逆袭。在鸿星尔克的广告和宣传中，经常强调其国产品牌的身份和对中国文化的传承，这激发了消费者的民族自豪感和品牌忠诚度。鸿星尔克注重科技创新和研发，不断推出新产品和技术。鸿星尔克在鞋类、服装和配件等方面都有一定的创新，如采用新材料、引入新技术等，以提高产品的性能和舒适度。这种科技创新的形象，使鸿星尔克在运动品牌中具有较强的竞争优势。鸿星尔克积极倡导年轻、时尚、阳光的生活方式，其产品设计风格时尚，符合年轻人的审美需求。鸿星尔克的品牌形象也与健康、活力、积极向上的生活态度相契合，这更加赢得了年轻消费者的喜爱。鸿星尔克注重履行企业的社会责任，积极参与公益活动和社会事业。例如，鸿星尔克捐款支持教育、环保等公益事业，同时也倡导环保理念，推动可持续发展。这种有责任感的品牌形象，赢得了消费者的尊重和支持。鸿星尔克的产品定位为中低端市场，价格相对较为亲民。同时，鸿星尔克注重提高产品的性能和品质，为消费者提供高性价比的产品。这种高性价比的品牌形象，使鸿星尔克在市场上具有较强的竞争力。

打造品牌形象的关键要素主要包括以下几个方面。

（1）品牌定位是品牌形象的核心，它决定了品牌在市场上的独特价值和目标客户群体。企业需要清楚地定义自己的品牌定位，并根据定位制定相应的营销策略和传播手段。

（2）优质的产品和服务是树立品牌形象的基础。企业需要注重产品质量，提供满足客户需求和期望的产品和服务，以提高客户满意度和忠诚度。

（3）品牌个性是指品牌的独特魅力和风格。企业可以通过设计独特的标识、包装、广告风格等来塑造自己的品牌个性，使品牌在市场上更具辨识度和吸引力。

（4）品牌传播策略是打造品牌形象的重要手段。企业需要制定有效的品牌传播策略，包括广告、公关、内容营销等，以扩大品牌知名度和美誉度。同时，企业还需要不断优化传播策略，以提高传播效果和效率。

（5）企业文化和价值观是品牌形象的内在支撑。企业需要建立积极向上的企业文化，倡导正确的价值观，以提升品牌的内涵和形象。

（6）创新是打造品牌形象的重要动力。企业需要不断进行产品、服务、营销等方面的创新，以满足市场和客户的变化需求，提高品牌的竞争力和影响力。

（7）履行社会责任和推动可持续发展是打造品牌形象的重要方面。企业需要关注社会和环境问题，积极参与公益事业和环保活动，以树立良好的企业形象和社会声誉。

提升企业的创新能力

创新力就是核心竞争力，不论个人还是企业。创新不是某个问题或某些问题的需要，创新是时代的需要。创新不应仅仅解决某些特定问题，更应是战略、营销、产品、运营等多方面的创新。

企业需要在原有领导力和执行力组织的基础上，具备创新力，将管理者和员工尽量培养成创新者。无论高层、中层还是员工，都会碰到各种变化，催生各种复杂的问题。这也是推动企业和领导者积极创新的契机，不创新等于跟不上时代的发展步伐。创新的底层逻辑是应对和处理不确定性，并将其转化为确定性。创新最根本的目的是抵抗风险，增加确定性，提升成功的概率。

　　创新是一种变革，首先是思维的改变，要有不确定性，但不能依赖灵感。创新不是随机去寻找的，而是要有明确的目标。创新不是发明创造，从无到有做出些什么来，创新的关键不是发明出什么东西，而是将既有要素重新组合起来的那个思维和思想。市场在对全部企业中不断发生的要素组合做出选择，不断优胜劣汰，让优质的新组合替代落后的旧组合。用一句话概括创新就是有价值的改变。我国不少知名的企业都开始纷纷加入创新发展的阵营。例如：

　　百度从2010年开始布局人工智能技术，多年技术积累和创新，以及长期研发投入，使得百度在人工智能技术栈的各层都有较为领先的自研技术，包括昆仑芯、飞桨深度学习平台、文心大模型等。自2019年3月文心大模型发布1.0版后，4年来持续创新突破，现已升级到文心大模型3.5版本，效果提升了50%，训练效率是原来的3倍，推理效率提升了30多倍。百度依托人工智能技术积累，持续迭代文心一言大语言模型，其已具备理解、生成、逻辑、记忆人工智能4项基础能力，可应用于金融、政务、工业等多个领域，赋能千行百业，服务千万用户。

　　在国家乡村振兴战略背景下，京东高度重视乡村振兴工作，基于零售营销、物流网络、数字科技等能力，聚焦种植农业技术水平低，供应链能力弱以及农产品销售难等问题，启动乡村振兴京东"奔富计划"，并开展区域公共品牌培育、产地供应链提升、数字化农场建设、乡村创新创业培训和数字乡村建设等乡村振兴等行动，探索"政府+企业+农户"

联动的全产业链发展模式，2022年共销售农产品超1000亿元。通过给予线上流量、营销推广、宣传曝光等专项资源，以及研发资金支持等机制保障，不断迭代乡村振兴的产品和模式，积极推动建设标准化产品体系和完善的产业链，助力乡村振兴和社会发展。

腾讯携手敦煌研究院，用科技赋予中华文化"数字生命"。其中，"数字敦煌开放素材库"助力数字化版权保护，"数字藏经洞"为公众带来沉浸互动式数字文博体验，"寻境敦煌"数字敦煌沉浸展为文博数字化和文旅行业创新开辟了新场景。该系列利用区块链、游戏科技等技术，创造出了多个文博创新案例：全球第一座超时空参与式博物馆、全球第一个基于区块链的数字文化遗产开放共享平台、莫高窟首个沉浸数字展览，呼应了近年来对于中华优秀传统文化的创造性转化、创新性发展的重要议题。同时，还就数字文化遗产版权保护与共创、文化遗产及其内容故事的数字化再生两大文博行业难题，提出了可持续解决方案。

网易无人装载机平台基于网易工业大模型，独创了人机协作AI产业应用新模式。这种模式实现了真无人、全流程的智能作业，为实体经济的高效数字化升级提供了强大的动力。这种创新不仅解决了工程业人力成本高、效率低、作业风险大等问题，还推动了工程机械领域的数字化转型，为整个行业提供了示范样本。以沪通铁路智能混凝土搅拌站为例，传统的搅拌站作业需要多名作业人员协同完成，而引入网易无人装载机后，仅需一人操作，这大大降低了作业强度，同时提高了作业效率。这种创新不仅为作业人员提供了更绿色、更安全的作业环境，还显著提升了生产效率。网易凭借其深厚的AI技术积累，成功将AI大模型应用于工程产业，实现了无人装载机器人的快速部署和广泛应用。这种能力不仅证明了网易在技术创新方面的实力，也展示了其在推动产业数字化升级方面的决心和行动力。

随着科技创新，高质量发展成为趋势，企业创新一般包括技术创新、商业模式创新、组织创新、文化创新等。

技术是推动社会进步的重要力量，而技术创新则是推动技术进步的关键。例如，互联网、人工智能、区块链等技术的发展，带来了许多有价值的变化，如更高效的沟通方式、更便捷的支付体验、更智能的工作方式等。

商业模式的创新往往能够为企业带来更大的竞争优势。例如，共享经济的兴起，让人们可以更方便地共享物品和服务，同时也为企业创造了新的商业机会。如以滴滴为代表的网约车模式，让出租车行业效率大幅提升，无论是司机端还是乘客端都获得了更高的效率、更低的成本、更大的便利，由此获得了巨大的市场成功。

组织创新可以带来更高效的工作流程、更好的团队协作和更高的员工满意度。例如，敏捷开发方法的兴起，让团队可以更快地响应变化，提高开发效率和产品质量。

文化创新可以为企业或组织带来更强的品牌形象和文化内涵。例如，企业通过倡导环保、公益等价值观，可以吸引更多具有相同价值观的员工和客户，从而增强自身的竞争力。

营销创新，如市场营销、品牌营销、渠道营销等的创新是企业更迭最快速、反应最敏捷、产生最多成果的创新领域。

有效的创新需要具备以下几个条件。

（1）有效的创新需要有明确的目标，这有助于确定创新的范围和方向。目标可以是解决某个具体问题、创造某种价值或满足某种需求，只有明确了目标，才能有针对性地开展创新活动。

（2）创新需要足够的资源支持，包括人力、物力、财力等方面的资源。只有拥有足够的资源，才能保证创新活动的顺利进行，并降低失败的风险。

（3）创新需要得到组织的支持，包括领导层的支持和团队的合作。领导层的支持可以提供必要的资源和指导，同时也能激发员工的创新精神；团队的协作则可以发挥各自的优势，形成合力，推动创新的实现。

（4）创新者需要具备一定的创新能力，包括观察力、分析力、想象力和执行力等。观察力可以帮助创新者发现机会和问题，分析力可以帮助创新者对问题进行深入分析，想象力可以帮助创新者提出新的想法和解决方案，而执行力则可以帮助创新者将想法转化为现实。

（5）创新需要面对一定的风险和不确定性，因此需要进行风险管理。创新者需要对可能出现的风险进行充分评估，并制定应对策略，以降低风险对创新活动的影响。

（6）有效的创新需要持续改进和优化。在创新过程中，需要不断收集反馈意见，并对创新方案进行不断优化和改进，以提高创新的成功率和效果。

优化流程提升运营效率

  企业的竞争力离不开"快",一旦快就会节省时间和成本。所以,流程优化提升运营效率也是企业竞争力的关键。流程优化可以消除或减少不必要的环节,从而缩短业务处理时间,提高工作效率。通过优化流程,企业可以更好地利用资源,减少人力、物力和财力的浪费,降低成本。流程优化可以帮助企业减少浪费,降低运营成本。优化后的流程可以减少错误和瑕疵,并提高产品或服务的质量,从而提高客户满意度。高效、优质、低成本的流程可以使企业在市场上更具竞争力。通过流程优化,企业可以更好地满足客户需求,赢得更多的市场份额。流程优化可以帮助企业创新和发展。通过对现有工作流程的梳理、完善和改进,企业可以发现新的商业机会和价值点,从而推出新的产品和服务,实现可持续发展。优化后的流程可以更好地满足客户需求,并提高客户满意度。客户满意度是企业的核心竞争力之一,通过流程优化,企业可以更好地满足客户需求,赢得客户的信任和忠诚度。

  改进流程、优化提升运营效率是一个重要的商业目标,它可以帮助企业降低成本、提高产品质量、增强竞争力并实现可持续发展。

  优化流程即从现有的流程当中发现流程冗杂部分、减少不必要环节从而达到提高效能、降低成本等目的。

为了给客户提供更加便利、高效的服务体验，企业需要从以下几方面着手考虑：

（1）从时间角度考虑，要及时响应客户的需求，满足客户随时能够进行交易的要求；

（2）从空间角度考虑，对信息获取、交易场所或者是服务地点的选择，要考虑客户的各种特殊需求，并让客户感到便利；

（3）从服务的过程中考虑，要满足客户对交易过程的便利性要求，做到交易过程简单、省时；

（4）解决问题要便利和及时，尤其对于客户的反馈信息，能够进行跟踪管理，确保客户能够得到便捷高效的售后服务和问题的解决。

上海迪士尼游乐园在游客的期望管理就有独特的策略，游客付出昂贵的门票，当然希望排队的人少一些，让自己心仪的项目都能玩到，可是在疫情前，人山人海的迪士尼就算限量都没法满足这个要求，预见到游客会有失望和抱怨，迪士尼用了3个策略来管理游客的期望，一是在App上实时分享每个项目的排队时间，让游客可以根据自己的时间进行项目选择，这是给游客知情权。二是在每个项目门口，都有大屏幕向游客展示从现在开始排队预计多长时间，游客也可以自行决定，当然，诀窍是排完队后，游客发现总是会提前5分钟左右，感觉像赚到了一样，这是降低游客的期望。三是迪士尼有快速通行券，每张门票可以拥有3次快速通行礼遇，而无须排队，只要你在预约的那个时间段准时到达。这是适当为客户破例。迪士尼能准确预见客户的需求和痛点，经过这3个环节的期望管理，让游客们拥有了美好的迪士尼旅程的回忆，同时也降低了过高的期望，忽略掉过程中的不快。

企业在优化流程提升运营效率方面，可以从以下几个方面来进行。

（1）企业需要对现有流程进行全面的分析和评估，了解流程中存在的问题和瓶颈。这可以通过流程图、流程模型、流程审计等方式来分析和评估现有流程。

（2）在分析和评估现有流程的基础上，企业需要识别出具有改进潜力的环节和机会。这些机会可能涉及流程的各个环节，如采购、生产、销售、物流等。

（3）针对识别出的改进机会，企业需要制订具体的改进计划。改进计划应该包括改进目标、实施方案、时间表和预算等方面的内容。

（4）在制订好改进计划后，企业需要按照计划逐步实施改进措施。在实施过程中，需要注意协调各方面的资源和利益关系，确保改进措施的有效实施。

（5）改进措施实施后，企业需要对其效果进行持续的监控和评估。通过收集和分析数据，了解改进措施的实际效果，并根据评估结果进行必要的调整和优化。

（6）运营效率的提升是一个持续的过程，企业需要不断对流程进行改进和优化。可以通过引入新的技术、优化工作流程、提高员工技能等方式来持续改进和优化运营效率。

第四部分
领导力设计的落地与执行

第10章　领导力落地：具体执行模式

授权激发全员领导力

领导力想要落地，离不开把全员都培养成拥有领导力。高明领导者通过解放自己而实现更有效的管理。通过授权激发全员领导力是一种有效的管理策略，它可以让员工更加积极、主动地参与工作，提高工作效率和创造力，同时也能培养员工的领导能力和责任感。激发全员领导力是一种有效的管理策略，它不仅可以提高员工的参与度和工作动力，还可以增强组织的创新能力和适应能力。

有效的管理只做一件事，那就是激发"全员领导力"。顾名思义，全员领导力就是不论是管理层还是普通员工，都具备领导力，而不是以往一个企业领导者只负责发号施令，员工只被动接受指令。全员领导力是一种"自上而下"和"自下而上"的横向领导模式的结合，能使管理者和员工形成一个有生命力的组织，一个人人都贡献，人人都共享的团队氛围，彼此成就实现共同的目标。

"领导者—追随者"模式更像绿皮火车，只有车头做牵引进行带动，其他车厢没有动力，而"领导者—领导者"模式更像动车，动车没有火车头做牵引，它的每节车厢都有发动机。团队就像一列长长的动车，它的每个车厢都可以自驱动、自释放能量。在这样的团队中，每一名员工、每一个基层管理者都愿意动脑子，像创业者一样，去认真思考每一个所遇到的日常问题。这就是激发全员领导力的核心。

任正非也说过："现在流程上运作的干部，他们还习惯于事事都请示上级。这是错的，已经有规定，或者成为惯例的东西，不必请示，应快速让它通过去。"

所以，管理者要充分授权和赋能，才能让员工快速成长。

华为是中国的一家全球领先的信息和通信技术解决方案供应商。自1987年成立以来，华为已成为中国科技产业的代表性企业之一，并在全球范围内拥有大量的客户和合作伙伴。华为的成功，与其独特的"轮值董事长"制度密切相关。

华为的"轮值董事长"制度是其领导授权的一个典范。这一制度的核心是让三位高管轮流担任董事长，每人任期6个月。这种安排的目的是确保公司决策的延续性和稳定性，同时也能减少个人决策的风险。通过这种方式，华为避免了传统的董事长可能存在的决策偏见或个人风险，同时也增强了公司内部的沟通和合作。

这一制度的实施，是基于华为对领导力的深刻理解和独特见解。华为认为，一个好的领导者应该具备三个核心素质：视野、品格和才能。视野是指领导者要有全局观，能够从长远的角度思考问题；品格是指领导者要有高尚的道德品质，能够赢得员工的信任和尊重；才能则是指领导者要有专业知识和能力，能够带领团队实现目标。

在华为的"轮值董事长"制度中，每位轮值董事长都必须在任期内展示出这三个核心素质。他们需要从全局的角度思考问题，制定出符合公司长远利益的战略；他们需要展现高尚的道德品质，赢得员工的信任和尊重；他们还需要具备专业知识和能力，能够带领团队实现目标。

通过"轮值董事长"制度，华为成功地实现了领导授权。这种授权不仅增强了公司的决策效率和稳定性，还提高了员工的参与度和满意度。华为的成功经验表明，一个好的领导授权制度可以为企业带来巨大的竞争优势和长期成功。

有人将管理者的放权和授权比喻为放风筝，要"舍得放，敢于放，放而要高，高而坚韧，收放自如"。不敢放权，其核心原因是人的问题，关键点是授权人的信任和受权人的能力。高层领导只有在确信下属的能力可以用好、用对这些资源之后，才能做到真正的充分放权。否则即使有了授权也是空文一张，最终的决策权还是在高层手中。

敢于对下属授权的领导才是自信的领导，因为对下属充分授权就是复制另一个自己的过程。当下属都能独当一面，那么这个团队一定是非常强大的。一个充分授权的环境，会使所有员工能全身心地投入工作，为企业的发展而共同努力。减少控制，增加激励与授权，即"少管理多领导"，这符合新世纪简约管理的趋势。通过有效授权与激励，优秀的领导者得以用简约的、低成本的方法让员工自动自发、创造性地工作。授权就是复制自己，就是让别人为你工作，是放大自己时间的杠杆。

领导权威来自信任和专业

领导力就是影响力，因为领导力实际上是一种影响和改变他人心理和行为的能力。领导力并不仅仅是指领导者的地位和权力，而是指领导者通过自身的行为、思想、品格和魅力，影响和改变被领导者的心理和行为，从而达成组织目标的能力。

领导的权威来自三个方面，分别是信任、专业和传递价值。没有信任，就没有影响力。想要影响下属，要诚实、可靠、公正和透明，要言行一致，并且能够尊重和关心他人，要勇于承认自己的错误，给予他人信任和支持。领导要想成为一个专业的人，需要不断学习和提升自己的知识和技能，了解自己的领域和行业的最新动态和趋势，并能够给他人提供价值、传递价值。

我给别人讲课时一直对企业老板说：老板要从企业中解放出来，从最开始的让员工为自己干，转变为员工自己干。老板要成就员工，很多老板说他们无法成就员工，是因为行业不行、经济不行等原因，其实根本原因就在于老板从最初创业的时候就是让员工为自己干，所以老板无法真心实意地去成就员工。

任正非鼓励员工多挣钱，改变自己的命运，改变家族的命运，同时实现自我超越。在创业初期，华为还没有多少钱分的时候，他就跑到员工中间跟他们聊天，给他们画一幅美好的图画：将来你们都要买房子，要买三室一厅或四室一厅的房子，最重要的是要有阳台，而且阳台一定要大一点，因为我们华为将来会分很多钱。钱多了装麻袋里面，塞在床底下容易返潮，要拿出来晒晒太阳，这就需要一个大一点的阳台。要不然没有办法保护好你的钱不变质。这样的宏图谁不喜欢，员工一听老板的梦想是把事业做大，给自己分到更多的钱，想想员工会不会卖力？

很多企业天天研究制度，制定罚款，这个做不对要罚，那个做不对要罚，这样的制度目的是约束员工，但背后折射出的却是老板对员工的压榨和变相剥削。这样做又如何能赢得下属的信任和追随呢？而有远见的企业和管理者在天天研究成就人，在成就人的基础上，顺带变成一个聚集人气与能量的组织，从而达到营利的目的。我一直认为人是资源，无论他是一个工程师还是一个普通职工，都有其闪光的一面，只要领导能将其放在合适的位置，让他们对你产生信赖，他们就会释放出个人的无限潜力。领导力需要依靠认知作战，认知作战体现在方方面面，世界是个整体，无时无刻不在作战，认知作战也无时无刻不在进行。战争的博弈，一定要打人打在心上，而不是打在肉上。

用一句话总结，领导力就是关于如何激励追随者共同超越自我、达成更高目标的一种能力。

所以，领导者需要保持、维护他和他的追随者之间这样一种人际关系、这样一种黏性。别人追着你、跟着你，是因为跟着你"有肉吃"、有业绩、有成果。

领导的成功在于帮助下属成功

领导的成功在于帮助下属成功。一个成功的领导者不仅仅要关注自己的成功，更要关注团队的成功和下属的发展。通过帮助下属成功，领导者可以建立起一个积极向上、富有创造力和执行力的团队，实现整个组织的成功。《高绩效教练》一书中有过这样的观点："管理者有两项重要的任务——完成工作和培养员工。"

企业在规模偏小的发展早期，很大程度上是靠创始人团队的个人驱动，但企业一旦发展到具有一定规模的时候，仅凭创始人团队往往难以为继，这个时候如何从个人英雄到团队英雄，通过帮助下属成功从而达到组织目标和整个团队的能力提升，才是彰显领导力的关键。

例如，杰克·韦尔奇作为通用电气（GE）的前CEO，是一位教练式的领导者。他强调员工的成长和发展，注重培养他们的能力和自信心。通过与员工建立良好的关系，提供积极的激励和反馈，韦尔奇成功地将通用电气打造成了一家具有卓越领导力和业绩的企业。

巴伯拉·明托作为美国电报电话公司（AT&T）的领导者和变革推动者，采取了教练式的领导方式。她通过关注员工的成长和发展，提供具体的指导和反馈，激发了员工的潜力和创造力，推动了企业的变革和成功。

领导者可以通过以下几个方面来帮助下属成功。

（1）领导者需要关注下属的职业发展，为他们提供培训和学习机会，并帮助他们提升技能和能力。通过有效的指导和反馈，领导者可以帮助下属更好地了解自己的工作表现和改进方向，以提高他们的能力和自信心。

（2）每个人都有无限的潜力，领导者需要激发下属的潜力，让他们在工作中发挥出自己的优势和创造力。领导者可以通过积极的激励和奖励，激发下属的内在动力和热情，让他们更加积极地投入工作，取得更好的成绩。

（3）领导者需要建立良好的沟通机制，与下属进行有效的沟通和交流。通过倾听下属的想法和意见，了解他们的需求和困难，领导者才可以更好地指导他们的工作，帮助他们解决问题，提高工作效率。

（4）领导者需要营造积极、和谐、开放的工作氛围，让下属感受到团队的温暖和支持。在这种氛围下，下属可以更加积极地投入工作，发挥自己的创造力和潜能。

（5）领导者需要与下属分享成功和荣誉。当团队取得成绩时，领导者应该与下属一起庆祝和分享喜悦。这种分享可以增强团队的凝聚力和向心力，让下属更加信任和尊重领导者。

总之，领导的成功不仅仅在于个人的成就和荣誉，更在于帮助下属成功。通过培养下属的能力、激发下属的潜力、建立良好的沟通机制、营造积极的工作氛围以及分享成功和荣誉，领导者可以建立一支高效、团结的团队，从而实现整个组织的成功。

激发员工的干劲

激发员工的干劲是领导力的重要组成部分，也是实现组织目标的关键。干劲这个东西很复杂，它很容易消失，也会突如其来地出现，那是什么决定了下属的干劲呢？也许表面看起来是经营机制，是薪酬待遇、是发展前景，但归根到底是一个领导者的做法。

嬴政之所以能够做到统一六国，与他激发将士的干劲脱不了干系。毕竟江山不是一个人打下来的。秦王激发将士干劲的策略可以从多个方面来理解。首先，他明确提出了国家的目标和愿景，即统一六国，实现天下大一统。这个目标具有极强的凝聚力和号召力，使得将士们明白自己为之奋斗的意义，从而激发了他们的战斗意志和干劲。其次，秦王通过制定合理的奖励机制来激励将士。他设立了战功奖励制度，对于在战场上表现出色的将士给予丰厚的物质和精神奖励，如封地、赏赐、提升官职等。这种奖励机制直接关联到将士的个人利益，因此能够有效地激发他们的战斗积极性。另外，秦王还注重培养将士的忠诚度和归属感。他通过加强思想教育，使将士们明白自己的责任与使命，增强对国家和君主的忠诚。同时，他也关心将士的生活和福利，尽力解除他们的后顾之忧，让他们能够更加专心地投入战斗。最后，秦王还善于运用鼓舞人心的言辞来激发将士的斗志。他经常在战场上发表慷慨激昂的演讲，赞扬将士们的英勇表现，鼓舞他们继续战斗。这种言辞不仅能够提升将士们的士气，还能够增强他们之间的凝聚力和向心力。

管理企业也是如此，领导者要能够成为那个凝聚人心、激发员工干劲儿的人。

领导者的做法是对下属干劲影响最大的直接因素，员工一旦有了干劲就会主动理解目标并转化为自己应该做的事，尽力去做好，而这就是干劲的输出表现。

1. 给下属足够的薪酬激励

巴菲特的商业伙伴查理芒格有一个著名的演讲，他谈到了激励的力量，说："我想我这一辈子在理解激励机制的力量方面一直都排在同龄人中的前5%。"查理举了几个例子，联邦快递需要更快地搬运分拣他们的包裹，所以他们没有按小时支付员工的工资，而是按次支付工资，这让生产力得到了极大的提高。

2. 考核目标要公平公正，奖惩分明

规定好的规则必须人人执行，不可偏颇，员工没有完成业绩而去找借口，把目标不当回事的时候，员工就会想着怎么去降低要求，而不是全力以赴去完成工作，为自己开脱责任的行为，就说明了这个员工是有问题的。所以，对于奖惩结果，就是考核的标准，如果为了某些人而去修改标准，就会把其他团队成员导向错误的方向，后续麻烦也会不断。对于那些真正能完成目标的人也会打击其积极性，完成目标是尽力地得到奖励，完不成目标的人则通过求情也能逃避惩罚，那么这样的考核标准就成了虚设。要结果说了算，不管员工怎么求情，不管你多么不忍心，

对待规定不允许有丝毫妥协。这是一条十分重要的原则，必须遵守。

3. 要有危机感

在职场中员工很容易失掉危机感，很多员工会这样想，"企业不是我的，工作是一个大工程，做好自己分内事就够了，何必去想太多"，正是因为大部分员工都有这样的想法，才会使得团队中有人开始过安逸的生活，变成了当一天和尚撞一天钟，工作一天赚取一天的薪酬，日复一日年复一年，看起来这似乎没有太大的问题，实际上却凶险万分。古人说"生于忧患，死于安乐"，一个企业的员工一旦都追求安逸，还有什么会比这个更具威胁性呢？没有危机意识的员工，就如同一个躺在火车轨道上的醉汉，总有一天会被火车碾轧。一个团队如果这样的员工太多，企业又谈何发展呢？

4. 阶段性地实施"末位淘汰制"

许多知名企业在激励机制的运用上，大部分会使用"淘汰制"的激励方式，比如，华为每年强制性10%的末位淘汰，这样企业才会有新的血液循环。

5. 鼓励劳有所获，能者多得

从管理者层面，其更习惯于这样能者多劳，通常来说，人才是一个企业的命脉与血液，需要善待人才，能者要多得，这才能留住人。企业的所有事情都是人做出来的，因此人做事的能力、人做事的态度，就决定了企业的产品和服务的质量，也就决定了客户的满意度和忠诚度。

领导者通过以上五种做法去激发员工的干劲，往往能起到立竿见影的效果，因为这五个方面符合人性，也符合科学。

183

公开表扬，私下规过

　　领导的沟通对于建立良好的工作关系、激发员工的干劲和实现组织目标至关重要。员工既有表现优秀的时刻，也有出现过错的时刻。这个时候非常考验领导的处理方式。一般高明的管理者懂得"扬善于公庭，规过于私室"。也就是在公共场合表扬别人的优点和长处，而在私下里指出别人的缺点和过失。这是一种在人际交往中非常实用的原则，尤其是在处理复杂的人际关系和团队协作中。

　　在公共场合表扬别人，可以让被表扬的人感受到尊重和认可，增强其自信心和积极性。同时，这种表扬还可以激励其他人向被表扬的人学习，促进整个团队的凝聚力和向心力。而在私下里指出别人的缺点和过失，则可以保护对方的自尊心，避免其在公众场合感到尴尬或受到伤害。同时，私下的沟通也更容易让对方感受到你的关心和诚意，从而更容易接受你的建议和指导。

　　在实践中，"扬善于公庭，规过于私室"的原则可以帮助我们更好地处理人际关系，增强团队的协作能力和凝聚力。需要注意的是，在表扬别人时要注意实事求是，避免夸大或虚假；而在指出别人的缺点和过失时，要注重方式方法，避免伤害对方的自尊心。同时，我们也要不断反思自己的行为和言语，确保自己在处理人际关系时始终遵循这一原则。

如果管理者在遇到跟不上你节奏和思路，达不到你期望的下属时，甚至做的事情无法让你满意，管理者会很烦躁，很容易不留情面训斥甚至讽刺员工，这会让你和下属之间产生怨恨，形成离心，导致管理失败。

所以，作为高手领导者，往往在沟通能力上会具备一定的实力。科学的沟通方法有五个原则。

1. 使用积极的语言

人人都喜欢听到那些充满正能量的语言，而排斥负面的语言。比如，遇到别人做得不好的事情不要说"你这个行为不对"，而改成"你一定也不想结果这么糟糕"。不要说"你真是不长记性"，而改成"你自己想想，还有哪些办法可以解决这个问题？"

以足球比赛为例，如果教练对球员说"别射偏了"与"看到球来了就尽情挥动你的腿"时，球员会有什么感受呢？前一句话明显带有担忧和叮嘱的意思，而后一句却充满信任和力量。有一个定律叫"墨菲定律"，意思是：如果你担心某种情况发生，不管可能性多小，它总会发生。如果教练对球员说"别射偏了"这种带有担心的消极暗示，往往出现的结果就会射偏。再比如，收到顾客的投诉时，上司跟员工说"为什么你总是出问题"与"这是帮助我们提升服务的好机会"时，员工又有什么感受呢？前一句是批评，后一句却是鼓励。

所以，用积极的话语去激励人是为了化解对方的紧张和不安的情绪，让人听了舒服，精神上感到轻松，那么就会往积极的一面去发展。

2. 使用简短的话语

谁都不愿意听长篇大论，即使再有道理的话、再积极的话，如果说得太过冗长也会浪费时间,并消磨注意力,会引起别人的不耐烦甚至反感。简短的话语更能直抵人心。比如,教练员想要激励队员说:"对方球队的攻击力非常强,我估计他们会展开猛烈的攻击。越是遭到攻击,我们就越要顶住,总之一定要顶住。只要严防死守,就一定能等来机会。虽然比赛过程会很艰难,但你们一定要沉住气,等待机会的到来。不要灰心,要冷静,要找到对方的破绽,盯紧他们的主力队员,一刻不能放松……"队员听到这里无疑像孙悟空听唐僧念紧箍咒,不但无法走心,还会主动关闭耳朵。这样的语言不但无重点还难理解,起不到任何激励作用。如果教练用简短的话说:"发挥咱们的风格,严防死守,把握住这唯一的机会!"这样一语中的,不但让队员感觉到比赛的激励,还能感受到教练的威严与期待。简短有力的语言就是在最短的时间说最重要的内容。我们都知道,越是简洁的语言越有力量。

3. 使用浅显易懂的话语

现在人们越来越喜欢听接地气的话,说白了就是浅显易懂的话。所以,激励的话语要通俗易懂,语言要流畅,不要太深奥,也不要引用过多难懂的事例或名人名言。一讲出来就让人马上明白,而不要思考之后才反应过来。比如,教练对球员说:"输赢的世界里并不一定是优胜劣败。"如果对方听不懂"优胜劣败"的意思,这句话就无法入脑入心。把"优胜劣败"换成更容易理解的白话"不是强者一定赢,而是赢者一定强"就很浅显易懂,人们一听就明白了。那些接地气又浅显易懂的话有很多,这些话不但能起到动员激励的作用,还会长久地流传下来。

4. 使用对方希望听到的话语

如果只说自己想说的，充其量是自说自话，只有说对方想听的话，对方才能接受。美国总统林肯说过："当我准备发言时总会花三分之二的时间考虑听众想听什么，而只用三分之一的时间考虑我想说什么。"我们都知道知己知彼，方能百战不殆。任何一种沟通，其成功的关键都在于听众对你说话的接受，因为他们才是这个场合的中心人物，而不是我们。在电影《勇敢的心》中，男主人公有一段激励的话说给在场的人："战斗，你可能会死；逃跑，至少能苟且偷生，年复一年，直到寿终正寝。你们！愿不愿意用这么多苟活的日子去换一个机会，仅有的一个机会！那就是回到战场，告诉敌人，他们也许能夺走我们的生命，但是，他们永远夺不走我们的自由！"台下听众热泪盈眶，振臂高呼。因为这些话正是他们想听到的，每个人都渴望自由。所以，使用对方想听到的话语，就是激发自信的话语、满足期待的话语和给予安全的话语。

5. 说出能点燃对方斗志的话

当说出来的话是为对方着想，真心实意去关心别人，这样的话对方的斗志才能被点燃。比如，电影《阿凡达》中，杰克动员潘多拉星球上的人们一起对抗人类入侵时说的："和我一起飞吧！兄弟们姐妹们！我们要让他们知道，他们并不能得到所有。因为，这里——永远是我们的土地！"潘多拉星球上的人被这样的士气所激励，变得空前团结起来，最后取得了胜利。再比如，《芈月传》中芈月执掌大权时对将士们的士气鼓舞，正是用了这一技巧。

领导力是设计出来的

管理的核心是目标管理

　　管理的核心是目标管理，这是因为目标管理在组织中扮演着至关重要的角色。通过目标管理，组织可以明确发展方向和战略意图，激发员工的积极性和创造力，提高工作效率和质量，从而实现整体目标。

　　目标管理有助于组织制定明确、可实现的目标。在制定目标的过程中，组织需要充分考虑市场环境、资源状况、员工能力等因素，确保目标的合理性和可行性。同时，明确的目标可以为员工提供清晰的工作方向和标准，使他们更好地理解组织的期望和要求。

　　当员工参与目标的制定和实现过程中时，他们会有更强的归属感和责任感，愿意为达成目标付出更多的努力。同时，通过合理的激励和奖励机制，组织可以进一步激发员工的潜力，促使他们发挥更大的创造力。

　　在目标明确的环境下，员工能够更加有针对性地开展工作，减少浪费和冗余。同时，通过定期的目标评估和反馈，组织可以及时发现和解决工作中存在的问题，进一步优化工作流程和方法。

　　西方管理学大师彼得·德鲁克在《管理的实践》一书中就已做出论断："企业管理说到底就是目标管理。"目标管理贯穿整个企业内部的各个层级，对每个成员都能起到积极作用。目标管理就是要从目标层面调动团队各成员的工作积极性，完成共同的使命。

一个团队的目标就是方向，方向不对努力白费，只有方向明确，再加上团队所有人的努力，才能做出伟大的事业。

目标一般分为过程型目标和结果目标。过程型目标是一种目标管理方式，它关注的是实现目标的过程和行动，而不仅仅是结果。这种目标管理方式注重员工的工作表现和行为，鼓励员工通过持续的改进和努力来实现目标。这个类型的目标一般都是具有一定逻辑性的，结构性也比较强，比如今年第一季度销售额要优于去年同期。这一类目标，一般由企业的中层管理者基于对战略性方向型目标的正确拆分来制定。由于过程型目标起到承上启下的作用，同时涉及企业各环节、各部门之间的协调运作，制定起来非常复杂。

结果目标也是一种目标管理方式，它关注的是目标实现后的结果和产出，而不是实现目标的过程和行动。这种目标管理方式注重最终的结果和绩效，鼓励员工设定明确、可衡量的目标，并努力达成这些目标。

比如，销售额达到 5000 万元，订单量突破两万，客户满意率 100% 等。这样的目标一般由基层管理者制定，并分发给各个具体成员，用于指导成员日常工作。对于基层管理者而言，由于管理区域有限，人员有限，对执行力的要求就比较高。制定的目标要由员工的实际能力而定，并尽全力帮助员工解决工作中遇到的困难，保证最后能够完成任务。

目标，是企业的愿景和灵魂。推动企业方向型目标的完成，则是团队管理者存在的意义和使命。一个有使命感的团队管理者，代表着企业真正的魂。也只有这样的团队管理者才能谋划千计万计、克服千难万难，一步一步地朝着企业的方向型目标前进。而只有以企业的方向型目标为导向，整个团队的管理工作才能有章可循、条理清晰、一通百通。

第11章 领导力重构：一切执行的基础

让员工使用"我计划……"执行任务

下属的执行力也是衡量领导力是否优秀的关键。如果领导做出了指示，而下属要么不明白领导的意图，要么不想执行，这些对于领导者来说都是一种挑战，甚至可以说是领导力的欠缺。

在下属执行的过程中，重要的不是领导指哪儿下属打哪儿，而是要在领会领导意图之后的自我安排与计划。员工的自我安排和计划是个人职业发展的重要组成部分，它可以帮助员工更好地管理自己的时间和资源，提高工作效率，实现个人和职业目标。

想要激发下属的执行，要让下属使用"我计划……"来执行任务，让下属用"我计划"来陈述自己的执行方案。刚开始执行的时候，要多问，而不是直接给建议，比如："你能明白我此刻担心什么吗？"让员工清楚你要告诉这个计划的结论时，同时要告诉为什么要这样做。

那么，具体在与下属沟通的时候，领导要用问话技巧来启发下属找到执行的关键点。

1. 问"什么时候做？"

如果一个员工开始思考自己什么时候做什么，并随时都能向领导汇报工作进度，这就向具备领导能力迈出了第一步。从实干的角度看，一个高能量的团队，必然来自每一个个体。员工知道什么时候干什么，工作进度如何，正好符合想干—能干—干好这三个环节。

而在激活个体方面，有些管理者认为"员工应该知道自己什么时候做什么，管理者没有责任告诉员工做什么，怎么做"。往往持这些观点的管理者习惯抱怨员工不能满足自己的要求，达不到自己的预期。那么，这就很矛盾，如果没有清晰准确、言简意赅地向员工传达你对他的期望，那么员工又怎能做到让管理者满足期望呢？

所以，激活员工就要明确告诉员工什么时候做什么，工作的进度应该如何把握，不要忸怩作态不提前告诉员工你的期望，又担心员工达不到自己的期望。当你问到"什么时候做"，就能听到员工的准备工作做得如何。

2. 问"行动计划是什么？"

员工的积极性就是他心中要有实现目标的计划和想法。这说明他经过了思考并有了下一步的打算，至于这个行动是否有价值，在你听了之后觉得不是很好的情况下，可以给出参考建议；如果下属的计划很好，那就放手让他去做，等出了结果再看。

3. 问"实现这样的目标有什么价值？"

员工心中对于目标的价值不一定是企业的大目标，但可以通过员工的回应知道员工真正的价值取向,这是一个鼓励员工将想法说出来的过程,也是领导与下属知己知彼的过程。

员工在做事、做决定时,要鼓励他跟领导多沟通,而且要有意识地创造沟通的环境,比如定期一对一沟通,找个非办公室的场合等。这有助于领导及时地发现组织问题,既是对员工表达的关怀,也有助于上下达成一致的目标和共同的价值观。

4. 问"这样做带来的意义是什么?"

当员工开始思考一个事情做完对企业的意义,对团队的意义甚至社会意义的时候,他就会有一种自我成就感。会认为自己做的事情具有严肃性,从而不会轻易去对待一件事,会用更加严肃的态度去对待自己从事的工作和计划。

如果刚开始下属使用的"我计划……"不太好,那么可以有几个方法帮助团队开启思考模式:

如果是一个需要立即做出的决定,先由你决定,然后让团队扮演站在决定对立面的"红队"评估决定的可行性。

如果做出决定的时限还算充裕,请求团队先给出意见和建议,然后做出决定。

如果做决定的时限允许往后拖延,要求团队一定要给出意见和建议。不要强迫团队草率达成共识,因为这样会掩饰不同的观点以及反对票。要珍惜不同的意见。

T型领导者，垂直扎根横向管理

T 型领导者指的是具备 T 型能力（T-skill）的领导者，即兼具专业深度（Depth）和跨领域广度（Breadth）的领导力。

T 型领导者不仅在专业领域内具备深厚的理论知识和实践经验，能够提供专业的指导和建议，解决复杂问题，而且具备广泛的跨领域知识和视野，能够促进团队协作，打破部门壁垒，实现组织整体的高效运作。T 型领导者的特点包括：

具备专业深度：T 型领导者在专业领域内具备丰富的理论知识和实践经验，能够提供专业的指导和建议，解决复杂问题。

具备跨领域广度：T 型领导者具备广泛的跨领域知识和视野，能够促进团队协作，打破部门壁垒，实现组织整体的高效运作。

关注人才培养和发展：T 型领导者注重培养团队成员的专业能力和领导力，并鼓励他们不断学习和成长。

灵活应对变化：T 型领导者具备灵活的思维方式和应对变化的能力，能够根据不同情境和需求做出明智的决策。

创新和进取：T 型领导者富有创新精神，勇于尝试新的方法和思路，能一直推动组织的创新和变革。

T 型领导者通过垂直和横向的双重管理，既能提供专业的指导和支持，又能促进团队的协作和整合。这种管理方式有助于培养团队的专业能力，提升团队的协同效应，推动组织的持续发展。

T型领导者在垂直方向上能深入具体的业务和职能领域，具备深厚的专业知识和经验。他们能够提供专业的指导和建议，帮助团队成员解决复杂问题。通过垂直管理，T型领导者确保团队在专业领域内的高效运作。T型领导者在横向方向上注重跨部门、跨领域的沟通和协作。他们鼓励团队成员分享知识和经验，促进信息的流通和资源的共享。通过横向管理，T型领导者促进团队协作，打破部门壁垒，实现组织整体的高效运作。

优秀的企业领导者的发展是垂直的，先从最基本的做起，掌握一项特长技术，之后具有强大发展潜能的领导者就会跨出本行业，担当起更大的责任。以丰田公司的管理为例，顶级的领导者必须是"T型领导者"，既能在本部门深扎根，也能横向移动至完全不同的部门。也就是说，领导在自己能够承担领导和培养他人的这一重大责任之前需要完成很多工作，并因为具有专业的能力而受人尊敬。领导者在自己的专业领域垂直扎根的时候，接触的是真实的工作环境，等到管理下属的时候能以更加客观和真实的角度去理解别人的工作状态。

例如，很多企业具有潜质的领导者在管理职位上晋升的时候，企业都会不断让他们在不同部门之间进行短暂轮换，让他们对企业有更广泛的了解。在丰田，领导者从基层做起掌握一门技能，仅仅用5~10年时间，之后企业就会让他们进行横向移动，进入自己不擅长的领域。早期的精深技能使这一领导者明白，在工作中对生产过程深度把握成为该领域的专家有多么重要。在晋升的过程中，领导者被置于自己不擅长的领域，从而迫使他们利用掌握的技巧激励员工，构建团队。

要成为 T 型领导者，可以从以下几个方面进行提升。

（1）不断学习新的知识和技能，保持对专业领域的敏感度和好奇心。可以通过阅读书籍、参加培训课程、参与行业交流等方式，不断扩展自己的知识面和视野。在工作中不断积累实践经验，深入了解业务和职能领域的细节和规律。通过实际操作和解决问题，提升自己的专业能力和判断力。

（2）积极与其他部门和领域进行交流与合作，了解不同领域的运作模式和思维方式。学会从多角度看待问题，发展自己的跨领域视野和协作能力。

（3）关注团队成员的成长和发展，为他们提供学习和发展的机会。通过指导和支持，帮助他们提升专业能力和领导力。培养灵活的思维方式和应对变化的能力。在面对不同情境和需求时，要能够迅速调整自己的思路和策略，做出明智的决策。

（4）勇于尝试新的方法和思路，推动组织的创新和变革。关注行业发展趋势，不断探索新的商业模式和战略方向。在实践中不断反思并总结自己的经验和教训，发现自己的不足之处，并寻求改进和提升的方法。主动寻求上级、同事和下属的反馈与建议，以便更好地了解自己的优势和不足，并制订相应的改进计划。

（5）通过在专业领域内的卓越表现和广泛的影响力，建立自己的个人品牌。这有助于提升自己在组织中的地位和影响力。要不断提升自己的专业能力和领导力，并追求卓越的表现。通过不断学习和实践，成为组织内外的领袖人物。

员工感受到爱，行动才积极

任何人的行动都受情绪支配，一个感受到爱和尊重，并在一个信任、和谐氛围中的人，往往就会充满激情。反之，在一个氛围不好，又得不到关爱的组织里，员工轻则消极怠工，重则离职。所以，好的领导能够让员工感受到爱，才会内化他们积极的行动。因为一个充满爱的组织文化能够激发员工的积极性和创造力，使他们更加投入地工作，为组织的发展贡献自己的力量。

当员工感受到来自组织的关爱和支持时，他们会感到被重视和认可，从而提升归属感和忠诚度。这种积极的情感体验可以激发员工的内在动力，促使他们更加主动地工作，追求更高的绩效目标。

组织可以通过多种方式表达对员工的关爱和支持，例如提供良好的工作环境和福利待遇，关心员工的生活和工作状况，给予员工成长和发展的机会等。这些举措可以让员工感受到组织的温暖和关怀，从而激发他们的工作热情和创造力。

此外，当员工感受到组织的爱时，他们会更加积极地参与组织的各项活动，为组织的发展献计献策。他们会更加愿意与同事合作，共同解决问题，推动组织的进步。这种积极的互动和合作可以促进组织的创新和发展，提升组织的整体竞争力。

稻盛和夫说过："如果没有员工，经营者一个人绝对做不成企业……员工幸福，大家接着就会想找客户，股东也会高兴，所以核心就是创建一个让员工开心的场所。"因此，要时刻把员工放在第一位，重视员工的感受，无论在工作期间还是生活上，都要照顾员工。

美国哈里逊公司在1993年遭遇了经济危机，哈里逊纺织公司因一场大火化为灰烬。3000名员工悲观地回到家里，等待着董事长宣布破产和失业风暴的来临。在漫长而无望的等待中，他们终于接到了董事会的一封信：向全公司员工继续支薪一个月。在全国上下一片萧条的时候，能有这样的消息传来，员工们深感意外。他们惊喜万分，纷纷打电话或写信向董事长亚伦·傅斯表示感谢。

一个月后，正当他们为下个月的生活发愁时，他们又接到公司的第二封信，董事长宣布，再支付全体员工一个月薪酬。3000名员工接到信后，不再是意外和惊喜，而是热泪盈眶。在失业席卷全国、人人生计均无着落的时候，能得到如此照顾，谁会不感激万分呢？第二天，他们纷纷拥向公司，自发地清理废墟、擦洗机器，还有一些人主动去南方一些州联络被中断的货源。3个月后，哈理逊公司重新运转了起来。公司对于员工的关爱使得员工使出了浑身解数，愣是让一个濒临倒闭的公司出现了奇迹。

所以，一个企业的核心和根本就是自己的员工，照顾好员工才是在保护竞争力。如果管理者觉得员工执行力不够，行动不积极，不妨做一个员工调查，比如按照以下要素进行，可以发现员工的真实需求，也能查验企业和管理者有哪里没做到员工满意。

（1）在岗位上的工作能得到认可吗？在过去的一周，因工作出色而受到表扬吗？

（2）工作中能感受到真正的快乐吗？快乐的员工比普通的员工敬业率高10%。

（3）在工作中，有机会做擅长做的事吗？工作单位有人鼓励员工的发展吗？员工希望在工作和生活中得到成长。

（4）对目前的薪酬福利和工作环境是否满意？

（5）员工的工作压力很大吗？有良好的饮食和睡眠吗？健康的员工更有精力和更高的工作效率。主管或同事关心过员工的个人情况吗？

（6）如果企业让员工成为代言人，他们愿意推荐企业是最佳的工作场所吗？企业有值得骄傲的企业文化吗？

（7）在工作中员工与领导关系相处和谐吗？与同事之间相处融洽吗？同事们致力于高质量的工作吗？

（8）有人对员工的工作提出过建设性的反馈意见吗？在过去的6个月内，工作单位有人和员工谈及他的进步吗？

（9）为什么能够留下来，员工看重的企业价值是什么呢？

通过敬业度调查，管理者可以根据员工不满意的地方进行调整，对员工满意的地方继续保持，这样才能有针对性地去关照员工，让他们感受到企业的温暖，从而塌下心来工作。

作为企业和管理者如何让员工感受到爱呢？

（1）重视员工物质和精神两方面的幸福。无论什么行业，如果管理者既关注员工的物质收入又关心员工的精神状态，全体员工就会同心同德，把企业经营得更加出色。可以用薪水激励员工，也可以经常带员工团建或企业聚餐，让大家坐在一起交流感情。

（2）让员工跟着你过好日子。员工真正希望的是在企业长久地干下去，是希望能够过上好日子，所以，企业要为员工的幸福着想，不但要满足员工基本的物质生活，同时还要给员工提供发挥才能、晋升的空间。要重视对于员工的培训，让他们不断提升专业能力，使他们的综合素质得到提升。

（3）关心员工的吃、住、婚嫁。比如海底捞员工的住宿、生活条件，都是同行没法比的。而且海底捞新员工一到岗，店长就会亲自为他服务，亲自带他认识其他员工，亲自帮他买生活用品，亲自带他到宿舍，亲自帮他打饭。新来的员工工作过很多地方，但从来没碰到过对他这么好的企业，所以对海底捞的第一印象就非常好。这些都充分体现出了海底捞人性化服务的思想。

绩效使能：以人为本的绩效管理

我们听惯了"绩效管理"，而现在又有了新的绩效管理模式，如果想要激发全员领导力，单纯使用绩效管理还不够，需要用绩效使能来激发员工的内在驱动力。

绩效使能是指以激发员工内在动机为目的，充分满足员工自主、胜任和关系三种基本需求，从而释放其创造性的新型绩效管理方式。绩效使能，重点只强调了一件事情，即"激发员工内在动机"，这是绩效使能区别于传统绩效管理最显著的地方，将动机的关注点从外部转向内部，是"使能"员工，而不是"管理"和"控制"员工，是帮助员工发挥更大潜能，而不是胡萝卜加大棒去催逼员工。

绩效使能是一种新型的绩效管理方式，其核心理念是激发员工的内在动机，充分满足员工的自主、胜任和关系三种基本心理需求，从而释放其创造性。它适用于人工智能时代，并正在逐渐取代传统的绩效管理方式。

绩效使能以目标管理为基础，通过有效的绩效评估方法、激励机制和培训发展手段，建立完整的绩效管理体系，激发员工的工作积极性、创造力和团队合作精神，提高员工绩效水平，实现企业目标。

与传统绩效管理相比，绩效使能更加注重员工的自主性、创造性和内在动机，将关注点从外部转向内部，从"管理"和"控制"转向"使能"和"激励"，帮助员工发挥更大的潜能。这种管理方式有助于提高企业的竞争力、形象和品牌价值。

要实现绩效使能，需要从明确企业目标、制订绩效管理方案、建立绩效管理体系、实施绩效管理和持续改进等方面入手。同时，领导者需要关注员工的情感和需求，建立积极的组织文化和团队氛围，以激发员工的内在动力，促进员工的成长和发展。

优秀的企业都在为了激励员工的内驱力而使用绩效使能，例如：

谷歌公司的 OKR（Objectives and Key Results）制度：谷歌公司采用

OKR 制度来设定目标并进行绩效评估。这种制度强调员工的自主性和创造性，鼓励员工设定具有挑战性的目标，并与团队一起制定实现这些目标的关键结果。通过这种方式，谷歌成功地激发了员工的内在动机，推动了公司的快速发展。

华为在发展过程中，逐渐意识到传统绩效管理方式的局限性，开始推行绩效使能的管理变革。他们开始关注员工的自主性和内在动机，鼓励员工自我驱动和自我管理，同时建立与绩效使能相适应的激励机制和培训发展体系。通过这次变革，华为提高了员工的创造力和团队合作精神，增强了企业的竞争力。

蚂蚁金服的"人才盘点与激励"体系：蚂蚁金服在绩效使能方面建立了完善的人才盘点与激励体系。他们通过多维度的评估方式，全面了解了员工的绩效表现和发展潜力，并针对不同员工的需求和特点制订个性化的激励方案。这种体系激发了员工的创造力和团队合作精神，促进了蚂蚁金服的快速成长。

站在时代发展的角度看，使能就是让组织和团队不再是固定岗位的集成，而是由一个个不同的个体在自由自觉的状态下形成的良性跨界和融合，是一种自动自觉的发展状态。

绩效使能的本质是推动创新，创新一定是需要内在驱动力的。不注意内在动力的管理往往表现出的状态是对员工的悬赏，比如：你把前面的山头攻下来，我就让你当军长。这实际是一种悬赏，但悬赏不会出现真正的创新。就像中国即使花那么多的钱，也出不来一个诺贝尔奖获得者。在企业里也是一样的，你花再多的钱，如果只是用钱，没有其他配套，同样也出不了一个大的创新。

所以，绩效使能的本质在于激发员工的内在动机，充分满足员工的自主、胜任和关系三种基本心理需求，从而释放其创造性。与传统绩效管理不同，绩效使能不考核目标完成率，而是彻底解绑目标与绩效应用之间的关联关系，让员工能卸掉包袱，轻装上阵，从而释放其潜能。其核心理念是 Edward L. Deci 等人的自主决定理论，即人有三种最基本的心理需求，即胜任、关系和自主，当这三种心理需求得到满足时，员工的内在工作动机将得以强化。

目标执行的Smart原则

目标执行的 Smart 原则是指设定目标的五个原则，包括具体性（Specific）、可衡量性（Measurable）、可达成性（Achievable）、相关性（Relevant）和时限性（Time-bound）。

具体性是指目标应该明确、具体，要能够清晰地指导员工的行动和努力方向。可衡量性是指目标应该具备明确的衡量指标，以便评估进度和成果。可达成性是指目标应该能够实现，既不过高也不过低，以保证员工的工作积极性和成就感。相关性是指目标应该与企业的战略目标密切联系，以确保员工的工作与企业整体目标一致。时限性是指目标应该有时限要求，以便员工有计划地安排工作时间和进度。

通过遵循 Smart 原则，员工可以更好地明确工作目标，制订可行的工作计划，提高工作效率和质量，从而更好地实现企业整体目标。同时，Smart 原则也有助于管理人员更好地评估员工的工作进度和成果，为绩效评估提供明确的依据。

Smart 原则很容易理解，举个简单的例子说明。

第一步：明确目标——完成业绩考核，整个团队要在月底之前完成 80 万的目标。

第二步：量化目标——个人业绩 20 万/月，每一位团队成员完成 20 万，10 号之前完成 5 万，20 号之前完成 10 万，30 号之前完成 20 万。

第三步：可达目标——冲刺 30 万/月。

第四步：关联目标——2 单 /3 单、5 个洽谈的准客户，每天进行目标分解后的跟踪，每个节点的业绩是否落实，每个节点的洽谈客户是否进行面谈，客户洽谈完毕的情况，打算如何解决，何时进行下一次的洽谈。

第五步：时间节点——本月最后一天。

在实际运用中，要遵循 Smart 原则，可以采取以下步骤。

（1）在制定目标时，要确保目标明确、具体，能够清晰地指导员工的行动和努力方向。避免使用模糊不清的语言，要用具体的数字和描述来表达目标。

（2）为了评估进度和成果，需要制定明确的衡量指标。这些指标应该是可衡量的、客观的，以便准确评估目标是否达成。

（3）在制定目标时，要评估目标的可达成性，确保目标既不过高也不过低。如果目标过高，员工会感到沮丧；如果目标过低，员工会失去动力。因此，要根据实际情况制定可达成性的目标。

（4）在制定目标时，要确保目标与企业的战略目标密切相关，以确保员工的工作与企业整体目标一致。这样可以确保员工的工作不会偏离企业的战略方向。要设定明确的时限要求，以便员工有计划地安排工作时间和进度。时限要求可以增强员工的紧迫感，提高工作效率。

（5）在目标执行过程中，要持续与员工进行沟通和反馈，确保员工了解自己的工作进展和存在的问题。这有助于员工及时调整工作方向，更好地实现目标。要定期评估目标的达成情况，并根据实际情况进行调整。如果发现目标过于容易或过于困难，要及时进行调整，以确保目标的可达成性和实际意义。

以卓越为目标，引领员工迈向更高境界

在当今竞争激烈的市场环境中，追求卓越已经成为企业成功的关键。为了激发员工的潜能和创造力，提升企业的核心竞争力，我们需要以卓越为目标，引领员工迈向更高境界。

卓越不仅仅是目标，更是一种思维方式和工作态度。它要求我们始终保持追求卓越的激情和动力，不断挑战自我，突破自己的舒适区。只有在这样的工作氛围中，员工才能充分发挥自己的潜能，创造出卓越的业绩。

要实现卓越，我们需要为员工提供良好的发展平台和机会。企业应该关注员工的成长和发展，提供多样化的培训和学习资源，帮助员工提

升技能和能力。同时，企业还需要建立公平、透明的激励机制，鼓励员工积极创新、勇于尝试，为企业的成功贡献自己的力量。

此外，企业还应该营造积极向上的文化氛围，让员工感受到企业的关怀和支持。通过建立互信、互助的团队关系，增强员工的归属感和忠诚度，激发员工的团队合作精神。只有在这样的文化氛围中，员工才能更好地发挥自己的潜能，并追求卓越的业绩。

在一个组织中，员工在工作中各有所长，多在意员工的优点和才能，少在意短板，反而能够让员工做得更好。想要培养员工的领导力，至关重要的一点就是要鼓励员工追求卓越，而不是让他在工作中减少错误。

比如，在一些优秀的管理团队中，有两种不同性格的销售人员，一种是非常外向，每天充满干劲外出跑客户的员工，还有一种属于不爱外出跑客户的，这样的人似乎很难做好销售。这种情况下可以让不爱外出跑业务的人负责对内销售，比如负责电话营销，即使和客户不见面，业绩也能保持得不错。老板要更多看到员工的长处，不要总揪着员工的问题不放，要给予员工更多的空间去追求卓越。

比如腾讯公司，领导不会严格规定员工应该怎么做、不该怎么做，需要做什么、不要做什么。更多的其实是给大家设定一个目标，提示一个方向，让大家想尽办法去达到，甚至有些时候，领导给的目标还比较模糊。比如有的领导会说，我们今年一定要有一个很好的产品创意，或者我们产品的 CPU 要增长 20%。至于在实现目标的过程中，员工们具体会使用什么样的策略，或者采取什么样的方式，并没有过多限定，领导也不会有任何干预，这样每个人都会有足够大的空间自由发挥。飞利浦公司为了激发员工的创新精神，启动了一项名为"创新风暴"的项目。该项目鼓励员工提出创新的想法和解决方案，并为优秀项目提供资金和其他资源支持。这种项目不仅激发了员工的创新精神，还促进了企业产品和服务的改进。

宝洁公司为了帮助员工实现个人目标和发展，推出了"员工成长伙伴计划"。该计划为每位员工配备了一位导师和一位教练，他们给员工分别提供职业发展建议和业务指导。通过这种计划，宝洁帮助员工更好地了解了自己的职业发展方向并提升了能力，这就促进了员工的个人成长和职业成功。

员工不怕犯错，能够在被允许和授权的范围内做自己负责任的事情，久而久之才能有领导意识和自主能力，而这也能激发出员工与组织共同实现越来越好的心愿，最终达到追求卓越的目的。

第12章 领导力自我管理：磨炼能力，带出高效团队

成为领导者而不是管理者

领导者和管理者之间存在一些区别。首先，领导者通常是指能够引导和影响他人思想和行为的人，他们通过自身的魅力和影响力来激励和指引团队，而管理者则是通过制订计划、组织资源、协调团队等手段来达到组织目标。其次，领导者关注的是长期效应和宏观视角，他们思考的是如何创造更好的未来，以及如何引领团队朝着目标前进。而管理者则更加注重短期效益和执行细节，他们的工作是确保团队按照计划有序进行，解决日常运营中的问题。此外，领导者通常拥有广泛的社交网络和人际关系，他们能够建立和维护团队之间的联系与合作。而管理者则需要建立起明确的权力和责任体系，确保团队成员明确自己的职责和义务。最后，领导者通常具有创造性和创新精神，他们能够发现新的机会和可能性，而管理者则更加注重规范和流程，他们通过标准化和制度化

的手段来确保团队的稳定和高效运作。

比如，一家科技创业公司的创始人和首席执行官就是典型的领导者，他们需要设定企业的愿景和战略方向，激励团队朝着目标努力。而企业的首席运营官或部门经理则是管理者，他们负责具体实施战略、监督项目的执行，确保团队成员的工作符合企业的要求和目标。

在这个例子中，领导者关注的是企业的长远发展和整体战略，而管理者则更加注重日常运营和执行细节。领导者需要创造性，要有创新精神，而管理者则需要具备规范和流程的管理能力。两者相互协作，共同推动组织的发展和成功。

所以，真正展示领导力的是要努力成为领导者，而不单是管理者。就像华莱士·斯蒂文斯的诗句：管理者戴着正方形的帽子，通过训练来学习；领导者戴着宽边帽，选择教育。

领导者在引领团队的过程中，需要不断提升自己的领导力和管理能力。这种挑战可以促使他们不断学习、成长和发展。通过这种成长机会，领导者能够更好地实现自己的职业规划和发展目标。他们能够发现新的机会和可能性，推动团队朝着新的方向发展。这种创新和创造力可以为团队带来更多的机会和竞争优势，促进组织的持续发展。

领导者的影响力不仅仅局限于团队内部，还可以延伸到组织外部的合作伙伴、客户和业界同行。这种影响力能够帮助领导者建立起广泛的人脉关系，为团队和组织带来更多的资源和机会。他们能够看到未来的趋势和方向，并制订相应的战略和计划。这种宏观视角能够帮助领导者做出更具前瞻性的决策，为团队和组织创造更大的价值。

成为领导者并带领团队实现目标，可以为领导者带来巨大的个人成就感和满足感。这种成就感和满足感来自对团队的引领和影响，以及为组织创造的价值。

现在人们谈起管理，多谈论的是领导者，而不是管理者。我们正在进入一个管理控制消退的时代，员工不再是过去那种接受和执行命令的传统角色，而是要在一个市场体系里为了自己的未来而主动承担责任。因此，对员工的管理和控制便由每个员工的企业家梦想所取代。这一结果有助于组织产生更大的能量、更高的员工参与度、越来越多的新奇想法，以及更高的发挥员工才能的可能性。企业不再是员工灵魂的监狱，而是实现其梦想的载体。

不断审视自己的领导风格和方式

《威廉·詹姆斯书信集》一书中作者说，定义一个人品格的最好方法就是，找出让他觉得自己最积极、最活跃时的独特心态或道德态度。在这样的时刻，会有一个发自内心的声音大声说："这才是真正的我。"

这就是一种最好的自我审视状态，作为领导者，从当了领导那天，在持续发挥领导力的征途上就需要不断审视自己的领导风格和方式，在通往自我认知的道路上，推卸责任和归咎于他人是主要的绊脚石，自我审视和自我提升才是成功的基石。

领导风格因人而异，千人千面。俞敏洪认为，做领导就是做气场。

雷军低调务实，总是笑呵呵的。所以，不同的领导风格决定你会带出怎样的团队。

例如，萨提亚·纳德拉作为微软公司的首席执行官，其领导风格有如下特点。

1. 强调同理心和成长型思维

纳德拉认为，同理心是创新的关键，他主张站在客户的角度思考问题，以便更好地满足他们的需求。同时，他强调成长型思维，认为人们应该不断突破自己的局限，应对各种挑战。

2. 注重团队合作和内部沟通

纳德拉鼓励团队之间的合作，强调开放和透明的沟通方式。他认为，只有通过团队协作，才能更好地应对外部的挑战和机遇。

3. 善于变革和打破常规

纳德拉认为，变革是推动公司发展的关键因素。他鼓励员工勇于尝试新的想法和方法，即使这些想法可能会失败。这种勇于变革和突破常规的精神，是微软公司能够在竞争激烈的市场中立足的重要原因之一。

4. 重视客户体验和企业社会责任

纳德拉认为，企业应该以客户为中心，为客户提供更好的产品和服务。同时，他也强调企业应该承担社会责任，为社会做出贡献。

5. 保持谦逊和务实

纳德拉认为，领导者应该保持谦逊和务实的态度。他强调，只有不断学习和改进，才能更好地应对未来的挑战和机遇。

由此，他用"同理心"和"赋能他人的意愿"来重塑企业文化，实现了上下一心，共同进退的良好局面。

作为领导者，你正向着期待的方向引导团队吗？那么就要检视自己的领导风格：

找到1～3个你看重的领导特质，并持续学习和变成自己的特质。

将每个特质分解为具体的行为，并进行实践。

每周坚持一个好的行为或避免一个坏的行为。

不断审视自己的领导风格和方式是非常重要的，因为领导风格和方式对于团队的表现和成就有着重要的影响。以下是一些建议，帮助你不断审视自己的领导风格和方式。

（1）定期回顾自己的领导行为和决策，分析它们对团队的影响。思考自己的领导风格是否与组织的文化和目标相契合，是否有助于团队的成长和发展。

（2）与团队成员进行定期的沟通，了解他们对你的领导风格和方式的看法。积极倾听他们的意见和建议，以便更好地理解自己的优点和需要改进的方面。

（3）参加领导力培训和研讨会，阅读有关领导力的书籍和文章，以不断提升自己的领导技能和知识。通过学习和实践，你可以不断改进自己的领导风格和方式。

（4）不要害怕尝试新的领导风格和方式。在实践中，你可以根据不同的情境和团队需求，灵活运用不同的领导风格，以找到最适合团队的方式。

（5）成为优秀的领导者需要不断地努力和实践。要时刻保持开放的心态，愿意接受挑战，持续改进自己的领导风格和方式，以便更好地引领团队前进。

有"人情味"更有号召力

一个企业，一个团队，大家聚在一起相互配合共谋事，上下级之间只有职务分工，没有人格高低贵贱之分。一个有人情味、善待下属的领导，会更有号召力，更能让下属甘心追随。

作为国川的领导人，我一向提倡创办一个具有"人情味"的公司，对待每一个人都要具有"人情味"。在设计通过邮件进行面试题的环节，我会认真对待每一个应聘者的答案。之所以在收到回复以后再发，而不是与面试题一起发，我相信人是互相影响，互相吸引的，只有当两只手握在了一起，缘分才会到来。

很多人很奇怪，这明明就是一份笔试题，为什么要写面试题呢？因为当答题的人将这份答案回复给我的时候，我就已经非常清楚地了解到这个人的一些基本的性格特征、行为习惯、思考模式、对世界的认知，对事务的态度，是深刻、是浅显，是积极、是消极，是清晰、是糊涂。就此可以确定下一步的安排走向，有的人可能先就此停止，有的人可能继续邮件沟通，有的人可以电话联系，有的人直接安排面试，包括下一步的沟通人员安排，对于不同特点的人员，继续跟进的沟通负责人也有可能不一样。

面试题上反映出的特性，有的时候是候选人自己都不自知的，没有清晰地了解自己，就不会找准定位，工作就会出现偏差，甚至做了完全不适合自己，无法发挥自己特长的工作，导致工作效率低下且人员兴致不高。对待每一位有缘人，当我们有机会进行到面谈的时候，我们希望不管大家接下来是否可以牵手成功，至少可以帮助他们找准自己的定位，即使当下不是最合适，也一定会为今后留下一份善缘，也为后来加入我们的人留下一个好的印象，因为我们是一家有人情味的企业。

没有人情味的领导不能理解员工的感受和需求，缺乏对员工的关心和理解。甚至不遵守承诺，不诚实，欺骗员工。在处理问题的时候表现不公正，可能偏袒某些员工，不公开透明地传达信息，让员工感到困惑和不安。这样的领导不重视团队合作，而是以自我为中心，不愿意与他人合作，也不愿意尝试新的方法和思路，固守旧的观念和思想，不愿意承认自己的错误和不足。有的领导嫉贤妒能，如果下属表现非常优秀，他们往往会视之为自己的潜在威胁，在工作、生活中处处设防，甚至切断下属与上级部门领导接触的机会。

松下幸之助总结自己多年的管理心得时感慨道："做管理，首先要保持冷静的判断，同时，人情味不可少。"

有"人情味"的领导更有号召力。这样的领导能够关注员工的情感和需求，展现出真诚和温暖的一面，而不是仅仅关注任务和工作。这样的领导更能赢得员工的信任和忠诚，激发员工的积极性和创造力，提高团队的凝聚力和战斗力。在合适的条件下，会积极向上级领导推介下属，帮助下属扩展人脉圈。一旦有晋升的机会，也会主动替下属说话。在工作中面对员工犯错，会把功劳推给下属，过错揽在自己身上。下属跟着他工作，会感到心情愉快，工作不但热情高涨，积极性高，效率也高，成效显著。

很多人谈到企业管理，只是说领导"慈不带兵"，应该讲究"严将带强兵"，这些当然没错，但如果只有严没有慈，只有规则没有人情味，也不会带出让人满意的团队。企业中领导的人情味可以理解成，对员工或下属情感需求的关怀和尊重。人是情感动物，缺乏情感关怀，人们就会有"冷冰冰"的感受，心无归属，主动性会大打折扣。没有一个人愿意在"冷冰冰"的氛围中工作。

有人情味的领导通常具备以下特点。

（1）他们关注员工的成长和发展，愿意倾听员工的想法和意见，支持员工的工作和努力。

（2）他们能够站在员工的角度思考问题，理解员工的困难和挑战，为员工提供帮助和支持。

（3）他们用温暖的语言和行为来表达对员工的关心和爱护，让员工感受到真诚和信任。

（4）他们能够根据不同的情境和需求，灵活调整自己的领导方式和策略，以便更好地满足团队的需求。

（5）他们能够传递积极向上的能量和乐观的态度，激励员工面对挑战和困难。

领导力来自持续的学习力

领导力来自持续的学习力。一个优秀的领导者必须具备不断学习和提升的能力，才能应对不断变化的环境和挑战。学习力代表领导者超速的成长能力。从来没有一个时代，像今天这样需要不断地、随时随地、快速高效地学习。那种依靠在学校时学到的知识就可以应付一切的时代，已经一去不复返了。拥有学习力，才拥有竞争力。领导力从来都不是天生的，真正的领导力都是"学"来的。

肯尼迪总统曾经有一句名言在领导学领域里被作为一个标示。他说："面对当今领导者的最大挑战就是你本身有学习障碍、你的学习力不足。"

壳牌石油公司的前任集团规划曾经说过："无论是新的营销方式、新产品清空是新流程，只要是新的见解或发明，都是一个学习实践的过程，在壳牌公司，我们发现只要我们不是踏步不前，就不必过分保守秘密。只要我们不断学习创新，并将新的想法运用到工作和管理中，那当别人来效仿我们的时候，我们已经又遥遥领先了。"

学习是一个领导者进步的基本，也是企业进步的灵魂。"不学习、不创新，即死亡"已经成为很多人的座右铭。在这个信息主导一切的社会里，上到领导者，下到组织员工，学习能力和创造力是一个人知识和能力结构中最有价值的部分。

例如，海尔集团 CEO 张瑞敏拥有强大的学习力，他不断学习新的管理理念和经营模式，并将其应用到海尔的实际运营中。这使得海尔从一个小的电冰箱制造厂发展成为中国最大的家电企业之一。

杰克·韦尔奇是通用电气公司的前 CEO，他拥有出色的学习力，经常阅读、研究并实践新的管理理论，并将这些理论应用到通用电气的管理中。这使得通用电气在他的领导下成为全球性的企业。

从古至今，想要成为让人尊敬的人，无不来自学习力。

例如，苏秦是战国时期著名的纵横家和谋略家，他通过刻苦学习和实践，掌握了丰富的知识和技能，成为历史上杰出的政治家之一。苏秦出身贫寒，从小就渴望能够出人头地。为了实现自己的梦想，他刻苦学习，广泛涉猎各领域的书籍，包括政治、军事、经济、文化等方面。他不仅学习理论知识，还注重实践经验的积累。在游历各国的过程中，他认真观察各国政治、经济、文化等方面的特点，总结经验教训，不断完善自己的知识和能力。苏秦的学习力不仅体现在知识的掌握上，更体现在对知识的运用上。他能够根据不同的情境和问题，灵活运用所学知识，制订出切实可行的解决方案。这种能力在当时的政治舞台上是非常难得的，也正是这种能力让他在政治斗争中立于不败之地。

管理大师德鲁克说过，知识型社会的最大特点就是知识特别容易过时和消亡。这就决定了任何组织和个人在知识型社会里必须善于学习，通过持续的学习力来获得对社会的适应性。学习直接决定了一个物种、一个组织、一个人的命运。每一个企业家，每一个优秀的领导者无不是学习力超强的人，每一个人都需要在这方面有所突破。

领导者要有效管理自己的时间

世界各地的企业领导者，其最大的需要是更多的时间。他们大部分都承认未能有智慧去管理时间。有大部分领导被活动与事务缠身，感觉自己要处理的事情太多了，可以说分身乏术。事实上，这充分证明了作为领导并没有有效管理自己的时间。

对时间敏锐的领导常常会留意时间及其运用。他们总以大局为重，每件事都必看他与整体使命的关系，甚至把时间看得比钱财还有价值。

某大型企业的高管张总，每天都要处理大量的工作，但他总是能够高效地安排自己的时间，确保每项工作都能得到妥善处理。他每天早上5点钟起床，用1小时的时间阅读行业资讯和企业报告，了解最新的市场动态和业务情况。接下来，他会安排一天的工作计划，将任务按照优先级排序，并设定时间节点。在工作中，他始终保持专注，不受到外界干扰，每项任务都尽可能高效完成。

同时，张总也注重时间的合理分配。他每周都会留出一些时间用于自己的学习和提升，如参加培训课程、阅读专业书籍等。此外，他还会安排一些休闲活动，如健身、旅游等，以保持身心健康。

由于张总能够高效地管理自己的时间，他的工作业绩一直非常出色，为企业带来了巨大的价值。他的成功也成为其他员工的榜样，激励大家向他学习，提高自己的工作效率。

  这个案例说明了卓越领导应该具备的时间管理能力。他们需要合理规划自己的时间，根据优先级处理任务，保持专注并避免不必要的干扰。同时，他们还应该注重自我提升和学习，以不断提升自己的能力和素质。通过高效的时间管理，卓越领导能够更好地发挥自己的领导力，带领团队取得更好的业绩。

  卓越的领导者能够确保时间只花在优先事项上，他们通常需要提前至少3个月计划好一切，但也会灵活安排，以便应对突发事件。在掌握自己时间方面，卓越的领导者会在以下几个方面有所侧重。

  1. 把时间花在对的地方，张弛有度

  对于卓越领导来说，这是一项非常重要的能力。他们需要处理大量的工作，带领团队取得更好的业绩，同时也需要关注自己的身心健康和家庭生活。因此，他们需要合理规划自己的时间，把时间花在对的地方，并且张弛有度，以达到更好的工作和生活效果。第一，制订工作计划和目标，将任务按照优先级排序，并设定时间节点。这样可以确保工作的高效完成，同时也能够留出时间处理突发事件和紧急任务。第二，保持专注和集中注意力，避免不必要的干扰和浪费时间的行为。例如，关闭社交媒体通知、减少闲聊和不必要的会议等。第三，学会拒绝和委派任务，将一些不重要的任务交给其他人处理，以便自己能够专注于更重要的工作。第四，留出时间进行学习和提升，不断提升自己的能力和素质。这样可以更好地应对工作中的挑战和机遇。第五，安排一些休闲活动和放松时间，以保持身心健康。这样可以提高工作效率和创造力，同时也可以增强领导者的个人魅力。

2. 擅长在公共生活和私人生活之间划清界限

领导者应该制定明确的工作和生活时间表，以确保他们有足够的时间处理工作和生活事务。他们应该将工作时间和工作以外的时间明确区分开来，并且避免在非工作时间处理工作事务。学会委派任务，委派任务不仅可以帮助领导减轻工作负担，还可以提高团队的工作效率。与团队成员建立良好的沟通机制，以确保工作进展顺利。他们应该明确自己的工作要求和期望，并且与团队成员保持及时、有效的沟通。同时，领导也应该尊重员工的私人生活，避免在工作以外的时间打扰他们。领导的工作压力很大，因此他们应该学会放松和缓解工作压力。他们可以通过运动、冥想、旅游等方式来放松身心，缓解工作压力。同时，领导也应该注意保持良好的生活习惯和健康状况，以保持身心健康。领导应该避免在工作以外的时间处理工作事务，并且将自己的私人生活和工作明确区分开来。同时，领导也应该尊重他人的边界，避免干涉他人的私人生活。

3. 积蓄能量，适时为自己充电

作为领导要评估的第一件事，是每天的高峰期和低谷期是什么时候，恢复是什么时候。在精力最充沛的时候安排会议或做出决策。在出现过度疲劳或精神不佳的时候要及时休息。领导做事应该全力以赴，但也要积蓄能量，适时为自己充电。除了在日常管理自身的能量之外，卓越的领导者也要在工作之余寻找充电方法。领导者应该保持健康的生活方式，包括合理的饮食、充足的睡眠和适量的运动，寻找适合自己的放松方式，帮助自己缓解压力，放松身心，提高工作效率。

4.善用助手，组建专属支持团队

借助助手和团队的力量，领导者可以更高效地处理工作任务，提高工作效率，同时也能更好地应对突发情况和紧急任务。组建专属支持团队的方法包括：根据工作需要和业务特点，选择具备相应能力和经验的助手或团队成员，确保团队的整体素质和战斗力。合理分配工作任务，明确各自的职责和分工，确保工作的顺利进行。制订详细的工作计划和目标，为团队成员提供明确的工作指导和方向，同时也有助于合理安排时间和资源。建立有效的沟通机制，保持团队内部信息的畅通，及时反馈工作进展情况，共同解决问题和应对挑战。定期评估团队的工作表现和成果，及时调整工作计划和分工，确保团队始终保持高效的工作状态。

善用助手的方法包括。

（1）与助手明确各自的职责和分工，确保工作的高效完成。领导者应该将一些烦琐、重复的工作交给助手处理，以便自己专注于更重要的工作。

（2）给予助手足够的支持和培训，帮助他们快速适应工作，提高工作效率和质量。领导者应该关注助手的成长和发展，提供必要的指导和帮助。

（3）与助手建立良好的沟通机制，及时了解他们的工作情况和困难，共同解决问题和应对挑战。领导者应该尊重助手的意见和建议，鼓励他们发挥自己的创造力和才能。

（4）合理评估助手的绩效表现，给予他们适当的激励和奖励。领导者应该关注助手的职业发展，提供晋升和成长的机会，激发他们的工作积极性和创造力。

具有"反脆弱"的意识和能力

领导者的反脆弱能力是指领导者在面对挑战和压力时，能够从挫折中快速恢复甚至从中获益的能力。这种能力对于卓越领导者来说至关重要，能够帮助他们更好地应对复杂多变的商业环境和不断变化的工作需求。

生活中难免会遭遇不可避免的"黑天鹅"事件，所以我们每个人都有必要获得一种能力，就是在不确定事件中不被击垮，并且能够有所收获。

有些事情能从冲击中受益，当暴露在波动性、随机性、混乱、压力、风险和不确定性下时，它们反而能茁壮成长和壮大。尽管这一现象无处不在，我们还是没有一个词能够用来形容脆弱性的对立面，所以，作者把这种现象称为"反脆弱"。

那么，生活中有哪些现象是反脆弱呢？举个最简单的例子，如果一个东西掉在地上，不仅没有破损，而且还能从中受益，这就叫作"反脆弱"。比如我们常说的弹簧，压得越狠弹得越高，这就是一个很形象的"反脆弱"现象。再比如回力标，扔出去飞回来，就是反脆弱现象。

在生活中，面对随机性的事件，人往往有三种状态。

第一种人，害怕波动和不确定性，他们更喜欢平静稳定的环境，认为波动和不确定性会带来伤害。

第二种人，既不害怕也不欢迎不确定性，他们觉得波动并不会对自己的生活带来任何影响。

第三种人，欢迎波动和不确定性，他们认为波动能让自己变得更好。

在这三种状态中，究竟哪一种最脆弱？显然是第一种，因为波动和不确定性正是这个世界的真实常态，不喜欢波动意味着不想去改变或被动接受，这样能不受伤吗？第二种相对第一种状态而言是坚韧的，因为波动和不确定性没给他们带来变化，也没有带来伤害。第三种是"反脆弱"的，因为最终他们能从波动和不确定性中获益。

例如，亚马逊是一家在互联网泡沫破裂后依然能够生存并发展的公司。其创始人贝佐斯坚信"快速失败、常常失败"的理念，鼓励员工不断地进行实验和创新。亚马逊正是依靠这种反脆弱的精神，才能在激烈的市场竞争中脱颖而出。

日本在旅游旺季，很多酒店和旅馆都会涨价，但日本有家简陋旅馆却选择降价。这一举动看似会减少收入，但实际上却吸引了更多的顾客，最终带来了更多的利润。这家旅馆通过反脆弱思维，成功地应对了旅游旺季的挑战。

福特汽车在早期的发展中，面临着各种技术和市场的挑战。然而，福特公司的创始人亨利·福特坚信"如果有什么东西能打垮我们，那一定是我们自己"。他通过反脆弱思维，不断进行技术创新和市场开拓，最终将福特汽车打造成一个全球性的汽车巨头。

新加坡是一个资源匮乏的国家，但却在全球范围内享有盛誉。这主要得益于新加坡政府和企业家们具有反脆弱性格的思维方式。他们不断创新、不断调整自己的经营策略，通过国际合作和全球化战略，实现了经济的快速发展和持续繁荣。

领导者在不确定事项中获益是指领导者在面对不确定性和变化时，能够灵活应对，从中发现机会并获得竞争优势的能力。在当今快速变化的商业环境中，这种能力对于卓越领导者来说至关重要。

领导在不确定事项中获益的方法包括。

（1）领导者需要保持灵活性，随时准备调整自己的计划和策略，以适应不断变化的市场环境和客户需求。

（2）领导者需要具备敏锐的洞察力，从不确定事项中发现机会，并快速采取行动。这些机会可能涉及新的市场、技术、产品或服务等方面。

（3）领导者需要具备创新思维，不断探索新的思路和方法，打破传统思维模式，创造独特的竞争优势。

（4）领导者需要具备快速学习能力，要能够迅速掌握新知识和技能，以应对不确定事项中的挑战。

（5）领导者需要积极构建人际关系网络，与行业内外的专家、学者和企业家进行交流与合作，共同应对不确定事项中的挑战。

（6）领导者需要善于沟通，要能够清晰地传达自己的想法和战略，使团队成员理解和支持自己的决策。同时，领导者也需要听取团队成员的意见和建议，共同解决问题。

（7）领导者需要保持乐观的心态，相信自己的能力和团队的力量，并鼓励团队成员积极面对挑战和机遇。

后 记

在本书完成之际，梳理所有章节，我们应该给领导力总结这样几个关键特点：

领导力是引领他人跟随的能力。领导力是自我驱动、相互赋能，高动机、高目标的组织能力。说到底，管理只有一件事，就是激发"所有人的领导力"。激发领导力可以打造一个高效的组织，原因可以从以下三个方面来分析。

站在员工的角度看，领导力就是让员工充满内驱力，既有工作的能力又有工作的热情，明白工作是给自己干的，而不是给别人干的。不需要只是"听令执行"，而是把自己"培养成具备领导力的人"。一旦员工具备了自我驱动的工作激情，那么就会从之前"追随别人"变成"影响别人"，如此就会激发出更多的潜力和信心。

站在管理者的角度看，领导力就是领导者不再是制订计划、安排工作、发号施令的角色，而是转变成了言传身教、树立榜样作用的文化布道者和企业文化、团队精神支柱的代表；是那种能够带着团队往前冲，而不是高高在上的状态，更多是影响下属，而非管控。将原本的"金字塔组织"变成"网状结构组织"，让管理更加高效和人性化。

后 记

站在时代发展的角度看，领导力就是让组织和团队不再是固定岗位的集成，而是由一个个不同的个体在自由自觉的状态下形成的良性互动与融合，是一种自动自觉的发展状态。

企业有大小，领导也有大小，书中对大规模企业的领导和小规模企业的领导的不同之处做了对比，同时对规模不同的领导如何实施领导力也给予了详细的阐述，希望对大企业领导和小企业领导都可借鉴。

在完成《领导力是设计出来的》一书的写作后，深感领导力对于组织发展的重要性。在现代商业社会，领导者起着至关重要的作用，他们不仅要具备出色的个人能力，还要能够引领团队不断前进。

领导力设计是一个复杂而系统的工程，它涉及领导者的思维模式、管理方式、沟通技巧等多个方面。在本书的撰写过程中，我深入研究了大量的领导力理论和实践案例，试图为读者提供一个全面、系统的领导力设计方案。

在本书中，我强调了领导者要具备战略眼光、创新能力、团队协作等多方面的能力。同时，我也指出了领导者在实践中需要克服的难题和挑战，例如，如何激发团队成员的潜力、如何应对变革带来的不确定性等。通过对这些问题的探讨，我希望能够帮助读者更好地理解领导力的本质和内涵。

在写作过程中，我得到了很多人的帮助和支持。我要感谢我的家人和朋友们的支持与鼓励，感谢他们的陪伴和关心。同时，我也要感谢我的同事和领导们，他们给予了我很多宝贵的意见和建议，帮助我不断完善书稿。

最后，我希望《领导力是设计出来的》一书能够对读者有所启发和帮助。我相信，只要我们不断学习和实践，不断提升自己的领导力水平，就一定能够引领团队走向更加美好的未来。

参考资料

［1］［美］约翰·C.马克斯维尔．路本福 译．领导力21法则［M］．上海：文汇出版社，2017.

［2］［美］L.大卫·马凯特．袁品涵 译．授权：如何激发全员领导力［M］．北京：中信出版社，2019.

［3］樊登．可复制的领导力［M］．北京：中信出版社，2017.

［4］刘澜．领导力：解决挑战性难题［M］．北京：北京大学出版社，2018.

［5］李文勇．管法：稻盛和夫给管理者的60个忠告［M］．北京：化学工业出版社，2013.

［6］［美］罗伯特·史蒂文·卡普兰．蔡慧仔译．哈佛商学院最受欢迎的领导课［M］．北京：中信出版社，2018.

［7］［美］詹姆斯·M.库泽斯、［美］巴里·Z.波斯纳．徐中、沈晓滨 译．领导力：如何在组织中成就卓越（第6版）［M］．北京：电子工业出版社，2018.

［8］宫玉振．曾国藩领导力十二讲［M］．北京：北京大学出版社，2018.